첫걸음보다 먼저 시작하는 일본어

박재욱 지음
배유경 그림

정진출판사

머리말

　필자가 다년간 학교에서 학생들을 가르치며 느낀 점은 일본어에서 가장 중요한 것은 어려운 문장이나 문법이 아닌 히라가나 같은 기초적인 것이었습니다. 또한, 학생들이 가장 헷갈려 하는 것도 기초인 히라가나 50음도였습니다. 일본어에서 가장 기초인 히라가나 50음도는 우리나라 말과는 달리 그 수도 많고 모양도 비슷해 암기에 어려움을 겪는 학생들이 많습니다.

　그래서 필자는 학습자들이 어떻게 하면 기존의 교재보다 쉽고 재미있게 히라가나 50음도를 익힐 수 있을까 고민하다가 이 책을 집필하게 되었습니다.

　이 책의 특징은 다음과 같습니다.

1. 그림을 통해 우리말 발음과 연관 지어 일본어 가나를 쉽게 익힐 수 있습니다.
2. 쓰기 순서에 맞게 반복적으로 쓰기 연습을 할 수 있습니다.
3. 히라가나 오십음도에서 각 행과 관련된 단어를 익힐 수 있습니다.
4. 숨은 그림 찾기, 끝말잇기, 미로 찾기, 선 연결하기 등 재미있는 퀴즈를 풀면서 다시 한 번 복습할 수 있습니다.
5. 모의테스트를 통해 자신의 실력을 점검하고 피드백 할 수 있습니다.
6. 기초 생활회화 표현으로 일상생활에서의 간단한 회화까지 습득할 수 있습니다.

　특히, 이 교재의 삽화는 배유경 학생의 도움으로 이루어졌으며, 부디 이 책이 일본어 기초에 어려움을 겪는 사람들에게 일본어와 친숙해지는 데 도움을 주어 일본어 실력 발전의 원동력이 되기를 바랍니다.

저자　박재욱

일본어의 문자

일본어를 표기하는 글자에는 히라가나(ひらがな)와 가타카나(カタカナ) 그리고 한자(漢字) 세 가지가 있습니다. 히라가나(ひらがな)는 한자의 초서체를 본떠서 만들었고, 가타카나(カタカナ)는 승려가 불교경전을 정확하게 읽는 방법을 나타내기 위하여 문장의 좌우행간 등에 써넣은 것으로 한자의 자획을 생략하거나 모방해서 만든 문자입니다.

❶ 히라가나

히라가나(ひらがな)는 처음에는 주로 여자들이 사용했으므로 여자 글자라 했는데, 현대 일본어에서는 인쇄·필기의 모든 경우에 사용되는 기본 문자입니다.

❷ 가타카나

가타카나(カタカナ)는 주로 외래어, 외국의 인명과 지명, 의성어와 의태어, 전보문, 동·식물명 등과 어떤 말을 강조하고자 할 때 쓰입니다.

❸ 한자

우리나라에서 한자와 한글을 혼용하여 쓰고 있듯이 일본에서도 한자와 일본어인 가나(かな)를 함께 쓰고 있습니다. 한자는 음을 따라 읽는 음독(音読み)과 일본 고유어에 한자의 뜻을 맞추어 읽는 훈독(訓読み)이 있습니다. 한자에 따라서는 음(音) 또는 훈(訓)만으로 읽는 방법, 2개 이상의 한자를 조립하여 새로운 숙어를 만들어 '音+音, 訓+訓, 音+訓, 訓+音' 등으로 읽는 방법이 다양합니다.

❹ 오십음도(五十音図)

히라가나(ひらがな)와 가타카나(カタカナ)를 합하여 가나(かな)라 부르고, 이것을 발음 체계에 따라서 5단(段), 10행(行)으로 배열한 것을 '오십음도(五十音図)'라고 합니다.

히라가나

ひらがな					
	あ단	い단	う단	え단	お단
あ행	あ a 아	い i 이	う u 우	え e 에	お o 오
か행	か ka 카	き ki 키	く ku 쿠	け ke 케	こ ko 코
さ행	さ sa 사	し shi 시	す su 스	せ se 세	そ so 소
た행	た ta 타	ち chi 치	つ tsu 츠	て te 테	と to 토
な행	な na 나	に ni 니	ぬ nu 누	ね ne 네	の no 노
は행	は ha 하	ひ hi 히	ふ hu 후	へ he 헤	ほ ho 호
ま행	ま ma 마	み mi 미	む mu 무	め me 메	も mo 모
や행	や ya 야		ゆ yu 유		よ yo 요
ら행	ら ra 라	り ri 리	る ru 루	れ re 레	ろ ro 로
わ행	わ wa 와				を o 오
	ん n 응				

학습자 여러분께 한 가지 당부드리고 싶은 말은 여기에 한글로 병기된 히라가나의 발음은 단지 참고로만 활용하시고, 정확한 발음은 홈페이지에 녹음된 일본 현지인의 「오십음도」 발음을 따라하면서 습득하시기 바랍니다.

あ행

あ행은 일본어의 모음으로 발음은 우리말의 「아·이·우·에·오」와 같으나 う는 「우」와 「으」의 중간 음으로 입술을 앞으로 내밀지 않도록 합니다.

あ [a 아]	あ아야!	あ	あ	あ	あ
い [i 이]	이, 이건 / 피	い	い	い	い
う [u 우]	우에엥!	う	う	う	う
え [e 에]	에이, 뭘 그거 갖고 우냐?	え	え	え	え
お [o 오]	오호, 넌 넘어져도 상관없단 말이지.	お	お	お	お

6 첫걸음보다 먼저 시작하는 일본어

あ행 단어로 익히기

あい
[사랑]

あ	い			

いえ
[집]

い	え			

うえ
[위]

う	え			

えき
[역]

え	き			

あお
[파랑]

あ	お			

か행

か행이 단어의 첫머리에 올 때는 「ㄱ」과 「ㅋ」의 중간 음에 가깝게, 단어의 중간이나 끝에 올 때는 「ㄲ」 쪽에 가깝게 발음되는 경우가 많습니다.

か [ka 카]	그 사람은 목소리가 **か** 카랑카랑하고	か	か か か
き [ki 키]	**き** 키도 크다고!	き	き き き
く [ku 쿠]	그를 위해 **く** 쿠키와 **け** 케이크를 구워 봤어.	く	く く く
け [ke 케]		け	け け け
こ [ko 코]	아, 그런데 **こ** 코에서 콧물이! 꺄아아악!	こ	こ こ こ

8 첫걸음보다 먼저 시작하는 일본어

か행 단어로 익히기

かお
[얼굴]

か	お			

き
[나무]

き				

きく
[국화]

き	く			

いけ
[연못]

い	け			

こい
[잉어]

こ	い			

퀴즈풀기

あ행 퀴즈풀기

01 발음에 맞게 바르게 짝지으세요.

① あ ・　　　　　㉠ i
② お ・　　　　　㉡ u
③ え ・　　　　　㉢ a
④ い ・　　　　　㉣ e
⑤ う ・　　　　　㉤ o

02 그림에서 あ행을 모두 찾으세요.

03 단어 익히기

① ② ③

☐ い　　　☐ え　　　☐ え

か행 퀴즈풀기

01 발음에 맞게 바르게 짝지으세요.

① か ・　　　　　㉠ ki
② け ・　　　　　㉡ ko
③ こ ・　　　　　㉢ ka
④ く ・　　　　　㉣ ke
⑤ き ・　　　　　㉤ ku

02 그림에서 か행을 모두 찾으세요.

03 단어 익히기

①

☐ お

②

き ☐

③

い ☐

さ 행

さ행의 발음은 우리말의 「사・시・스・세・소」와 유사하나, 「す」는 「수」와 「스」의 중간 음으로 「수」보다는 「스」에 가깝게 발음됩니다.

さ [sa 사]	さ사랑해!	さ	さ さ さ
し [shi 시]	널 위해 し시 와 노래도 준비했어.	し	し し し
す [su 스]	이건 나의 러브 す스토리	す	す す す
せ [se 세]	널 향한 せ세레머~니	せ	せ せ せ
そ [so 소]	거기! そ소라 피우지 마세요.	そ	そ そ そ

さ행 단어로 익히기

카 사
か**さ**
[우산]

か	さ			

아 시
あ**し**
[다리]

あ	し			

스 시
すし
[초밥]

す	し			

아 세
あ**せ**
[땀]

あ	せ			

우 소
う**そ**
[거짓말]

う	そ			

た행

단어의 첫머리에 「た·て·と」가 올 때는 우리말의 「다·데·도」보다는 세게, 「타·테·토」보다는 약하게 발음하며, 단어의 중간이나 끝에 올 때는 「따·떼·또」에 가깝게 발음합니다. 「ち」는 「찌」와 「치」의 중간 음에 가깝게, 「つ」는 혀끝을 잇몸에 가볍게 터치하면서 「츠」보다 약하게 발음합니다.

た [ta 타]	어디서 た타는 냄새가…	た	た た た
ち [chi 치]	아! ち치즈 스파게티를 오븐에서 안 꺼냈다.	ち	ち ち ち
つ [tsu 츠]	つ쯔쯧쯧…	つ	つ つ つ
て [te 테]	자! 좀 탔지만 て테스트해 봐!	て	て て て
と [to 토]	잠시 후 と토 나와… 우-웩-	と	と と と

14 첫걸음보다 먼저 시작하는 일본어

た행 단어로 익히기

타 꼬
たこ
[문어]

た	こ			

치 찌
ちち
[아빠]

ち	ち			

츠 꾸에
つくえ
[책상]

つ	く	え		

테
て
[손]

て				

토 께ー
とけい
[시계]

と	け	い		

히라가나 15

퀴즈풀기

さ행 퀴즈풀기

01 발음에 맞게 바르게 짝지으세요.

① す ・　　　　㉠ shi
② せ ・　　　　㉡ sa
③ し ・　　　　㉢ se
④ そ ・　　　　㉣ su
⑤ さ ・　　　　㉤ so

02 그림에서 さ행을 모두 찾으세요.

03 단어 익히기

①
か

②
あ

③
 し

> た행 퀴즈풀기

01 발음에 맞게 바르게 짝지으세요.

① ち ·   ㉠ ta
② た ·   ㉡ to
③ つ ·   ㉢ chi
④ と ·   ㉣ tsu
⑤ て ·   ㉤ te

02 그림에서 た행을 모두 찾으세요.

03 단어 익히기

①

②

③

こ   く   け

な 행

な행은 우리말의 「나 · 니 · 누 · 네 · 노」와 거의 같은 발음을 하면 됩니다.

な [na 나]	な나는 이곳의 일인자다!!	な	な な な
に [ni 니]	ㅋㅋ に니가?	に	に に に
ぬ [nu 누]	ぬ누가 비웃어?	ぬ	ぬ ぬ ぬ
ね [ne 네]	ね네가? 첫만에! 내가 일인자야. 그래? 그렇다면 결투다!	ね	ね ね ね
の [no 노]	왜들 저래? の 노래방 점수 대결한대.	の	の の の

18 첫걸음보다 먼저 시작하는 일본어

な행 단어로 익히기

나 스
なす
[가지]

な	す			

오 니
おに
[도깨비]

お	に			

이 누
いぬ
[개]

い	ぬ			

네 꼬
ねこ
[고양이]

ね	こ			

키 노 꼬
きのこ
[버섯]

き	の	こ		

퀴즈풀기

な행 퀴즈풀기

01 발음에 맞게 바르게 짝지으세요.

① ぬ ・　　　　　　　㉠ nu
② の ・　　　　　　　㉡ ne
③ に ・　　　　　　　㉢ na
④ ね ・　　　　　　　㉣ no
⑤ な ・　　　　　　　㉤ ni

02 그림에서 な행을 모두 찾으세요.

03 단어 익히기

①
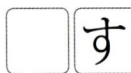 す

②
お

③
い

あ행~な행 퀴즈풀기

01 さ행과 관련 <u>없는</u> 볼링핀을 고르세요.

02 あ행부터 な행까지 글자의 순서대로 선을 연결해 보세요.

퀴즈풀기

あ행～な행 퀴즈풀기

03 か행 순서대로 미로를 빠져 나가 봅시다.

04 な행과 관련 <u>없는</u> 물고기는?

05 다음 あ행～な행의 빈칸에 들어갈 히라가나를 써 봅시다.

あ		さ	た	
	き	し		に
う			つ	
え	け	せ		ね
	こ		と	の

쉬어가기

※ 다음 단어와 그림을 연결하세요.

(1) おに •　　　　　　　　　•

(2) ねこ •　　　　　　　　　•

(3) とけい •　　　　　　　　　•

(4) いえ •　　　　　　　　　•

(5) うそ •　　　　　　　　　•

(6) かお •　　　　　　　　　•

(7) きく •　　　　　　　　　•

(8) すし •　　　　　　　　　•

は행

は행은「하·히·후·헤·호」와 거의 같은 발음이지만「ふ」는「후」와「흐」의 중간 음으로 촛불을 불어서 끌 때 내는 소리와 유사하며 입술을 둥글게 앞으로 내밀지 않도록 합니다.「は」는 조사(~은/~는)로 쓰일 때 [wa]로 발음하고,「へ」는 조사(~에/~으로)로 쓰일 때 [e]로 발음합니다.

は [ha 하]		は	は は は
ひ [hi 히]		ひ	ひ ひ ひ
ふ [hu 후]		ふ	ふ ふ ふ
へ [he 헤]		へ	へ へ へ
ほ [ho 호]		ほ	ほ ほ ほ

24 첫걸음보다 먼저 시작하는 일본어

は행 단어로 익히기

はな
[꽃]

は	な			

ひこうき
[비행기]

ひ	こ	う	き	

ふね
[배]

ふ	ね			

へそ
[배꼽]

へ	そ			

ほし
[별]

ほ	し			

ま행

ま행은 우리말의 「마·미·무·메·모」와 거의 같은 발음이나 「む」는 「무」와 「므」의 중간 음에 가깝습니다. 이때 입술을 앞으로 둥글게 내밀지 않도록 합니다.

ま [ma 마]
이거 병 **ま**마개 어디 갔어?
음...

み [mi 미]
아까 내 손에서 **み**미끄러졌는데...

む [mu 무]
む무심코 발로 걷어차서

め [me 메]
침대 **め**매트리스 밑으로...

も [mo 모]
も모르겠는데?
진짜?

26 첫걸음보다 먼저 시작하는 일본어

ま행 단어로 익히기

쿠 마
く ま
[곰]

く	ま			

미 미
み み
[귀]

み	み			

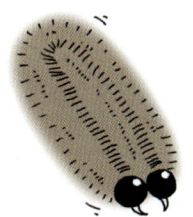 
무 시
む し
[벌레]

む	し			

메
め
[눈]

め				

모 모
も も
[복숭아]

も	も			

퀴즈풀기

は행 퀴즈풀기

01 발음에 맞게 바르게 짝지으세요.

① ひ •　　　　㉠ ho
② は •　　　　㉡ ha
③ へ •　　　　㉢ hu
④ ふ •　　　　㉣ he
⑤ ほ •　　　　㉤ hi

02 그림에서 は행을 모두 찾으세요.

03 단어 익히기

① ☐ な　　② ☐ ね　　③ ☐ し

ま행 퀴즈풀기

01 발음에 맞게 바르게 짝지으세요.

① ま •   ㉠ mu
② む •   ㉡ me
③ め •   ㉢ mo
④ み •   ㉣ mi
⑤ も •   ㉤ ma

02 그림에서 ま행을 모두 찾으세요.

03 단어 익히기

①
く☐

②
☐み

③
☐も

や행의 발음은 우리말의 「야·유·요」와 거의 같으며 「や·ゆ·よ」는 わ와 함께 일본어의 반모음에 해당됩니다. 「ゆ·よ」를 발음할 때는 지나치게 입술을 내밀지 않도록 합니다.

や [ya 야]			
ゆ [yu 유]			
よ [yo 요]			

や행 단어로 익히기

야 마
や ま
[산]

や	ま			

유 끼
ゆ き
[눈]

ゆ	き			

요 루
よ る
[밤]

よ	る			

ら 행

ら행의 발음은 우리말의 「라·리·루·레·로」와 거의 같으나, 「る」는 「루」와 「르」의 중간 음에 가깝습니다.

ら [ra 라]	라면 끓여 줄까? 응!	ら	ら	ら	ら
り [ri 리]	오늘은 내가 요리사…	り	り	り	り
る [ru 루]	る루루루~	る	る	る	る
れ [re 레]	싱거운데 카레를 넣어볼까?	れ	れ	れ	れ
ろ [ro 로]	우-웩- 이걸로... 날 죽일 셈이야? 미안.	ろ	ろ	ろ	ろ

32 첫걸음보다 먼저 시작하는 일본어

ら행 단어로 익히기

らくだ
[낙타]

ら	く	だ		

くすり
[약]

く	す	り		

るす
[부재중]

る	す			

れいぞうこ
[냉장고]

れ	い	ぞ	う	こ

ろうそく
[양초]

ろ	う	そ	く	

퀴즈풀기

や행 퀴즈풀기

01 발음에 맞게 바르게 짝지으세요.

① や •   ㉠ yo
② よ •   ㉡ ya
③ ゆ •   ㉢ yu

02 그림에서 や행을 모두 찾으세요.

03 단어 익히기

①

②

③

ま　　き　　る

ら행 퀴즈풀기

01 발음에 맞게 바르게 짝지으세요.

① り　•　　　㉠ ro
② ら　•　　　㉡ re
③ る　•　　　㉢ ra
④ ろ　•　　　㉣ ri
⑤ れ　•　　　㉤ ru

02 그림에서 ら행을 모두 찾으세요.

03 단어 익히기

① 　　　② 　　　③

わ행

わ행 · ん

「わ」의 발음은 우리말의 「와」와 같으며, 「を」는 「お」와 발음이 같지만 목적격 조사(~을, ~를)로만 쓰입니다. 「ん」은 일본어에서 받침으로 쓰이는 음으로, 기본적으로 「응」으로 읽습니다.

わ [wa 와]

を [o 오]

ん [n 응]

わ행・ん 단어로 익히기

와 니
わに
[악어]

わ	に			

테 오 아 라 우
て**を**あらう
[손을 씻다]

て	を	あ	ら	う

후 똥
ふと**ん**
[이불]

ふ	と	ん		

퀴즈풀기

わ행·ん 퀴즈풀기

01 발음에 맞게 바르게 짝지으세요.

① わ ・　　　　　　㉠ o
② ん ・　　　　　　㉡ wa
③ を ・　　　　　　㉢ n

02 그림에서 わ행 및 ん을 모두 찾으세요.

03 단어 익히기

①　☐ に
②　て ☐ あらう
③　ふと ☐

は행~ん 퀴즈풀기

01 ら행과 관련 <u>없는</u> 촛불은?

02 は행부터 ん까지 글자의 순서대로 선을 연결해 보세요.

히라가나 39

퀴즈풀기

は행~ん 퀴즈풀기

03 は행의 순서대로 따라가며 미로를 벗어나세요.

04 ま행과 관련 <u>없는</u> 바나나를 고르세요.

05 다음 は행~わ행의 빈칸에 들어갈 히라가나를 써 봅시다.

は	ま	や	ら	わ	ん
ひ	み		り		
へ					
	も	よ	ろ		

쉬어가기

※ 단어와 그림의 연결이 바르지 <u>않은</u> 것을 고르세요.

(1)

ひこうき　　　　　　　ふね　　　　　　　くま

(2)

もも　　　　　　　ゆき　　　　　　　やま

(3)

らくだ　　　　　　　くすり　　　　　　　るす

(4)

わに　　　　　　　ふとん　　　　　　　れいぞうこ

혼동하기 쉬운 히라가나 퀴즈

※ 다음 빈칸에 들어갈 알맞은 문자와 연결하세요.

(1) ☐い ・　　　　　　　・お

(2) ☐に ・　　　　　　　・あ

(3) ☐え ・　　　　　　　・い

(4) くす☐ ・　　　　　　　・り

(5) ☐こ ・　　　　　　　・な

(6) ☐す ・　　　　　　　・た

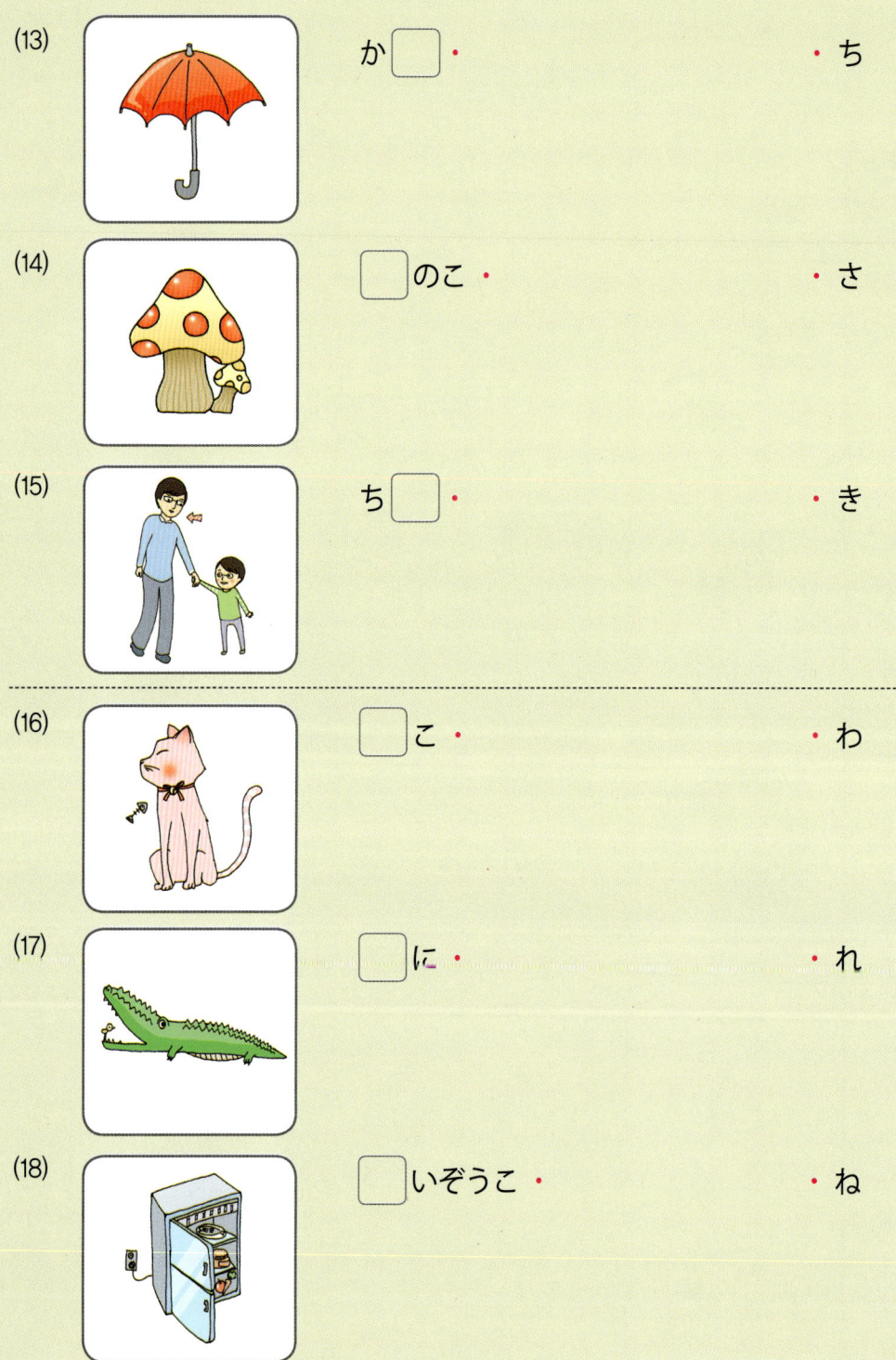

탁음(濁音)
だくおん

탁음이란 성대의 울림이 섞여 탁한 소리가 나는 음을 말합니다. 일본어의 음을 가나(かな)로 표기했을 때 탁점「゛」가 붙는 음으로, 「か・さ・た・は」행 오른쪽 위에 점 2개(゛)를 찍어 「が・ざ・だ・ば」행으로 표기합니다. 현재 표준어에서는 「じ」와 「ぢ」, 「ず」와 「づ」의 발음은 같으며 탁음은 전부 유성음입니다.

が	ぎ	ぐ	げ	ご
ga 가	gi 기	gu 구	ge 게	go 고
ざ	じ	ず	ぜ	ぞ
za 자	ji 지	zu 즈	ze 제	zo 조
だ	ぢ	づ	で	ど
da 다	ji 지	zu 즈	de 데	do 도
ば	び	ぶ	べ	ぼ
ba 바	bi 비	bu 부	be 베	bo 보

반탁음(半濁音)
はんだくおん

탁음보다 덜 탁한 소리를 내는 글자들로, 일본어의 음을 가나(かな)로 표기했을 때 반탁점「゜」이 붙는 음입니다. ぱ행 음을 말합니다.

ぱ	ぴ	ぷ	ぺ	ぽ
pa 파	pi 피	pu 푸	pe 페	po 포

が행

が행은「か・き・く・け・こ」에 탁점을 붙인 것으로 우리말의「가・기・구・게・고」와 비슷한 발음이나, 우리말 첫음절에 올 때의 발음이 아니라「아가」의「가」,「고기」의「기」와 같이 성대를 울려서 발음합니다. 단 が행이 단어 중간이나 끝에 올 때에는 콧소리에 가깝게 발음합니다.

が행 단어로 익히기

めがね

めがね [안경]

ぎんこう

ぎんこう [은행]

どんぐり

どんぐり [도토리]

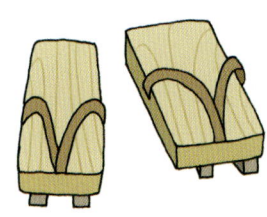

げた

げた [나막신]

いちご

いちご [딸기]

ざ 행

ざ행의 발음은 우리말 「자 · 지 · 즈 · 제 · 조」와 비슷하게 들리는 듯하지만, 실제로는 우리말에 없는 발음입니다. 목의 성대를 울려서 발음합니다.

ざ행 단어로 익히기

히 자
ひざ [무릎]

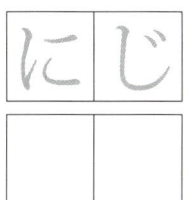
니 지
にじ [무지개]

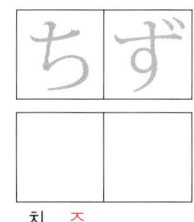
치 즈
ちず [지도]

카 제
かぜ [바람]

조 -
ぞう [코끼리]

だ행

だ행의「だ・で・ど」는 입천장 앞쪽을 혀끝으로 가볍게 터치하면서 발음합니다.「ぢ・づ」는「じ・ず」와 동일하게 발음합니다.

だ행 단어로 익히기

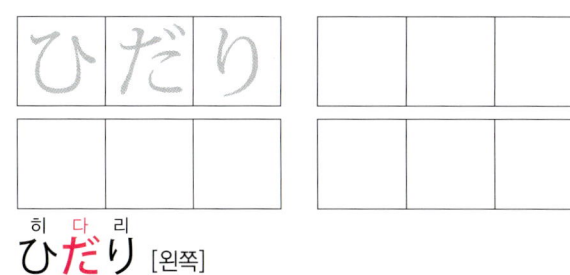

ひだり [왼쪽]

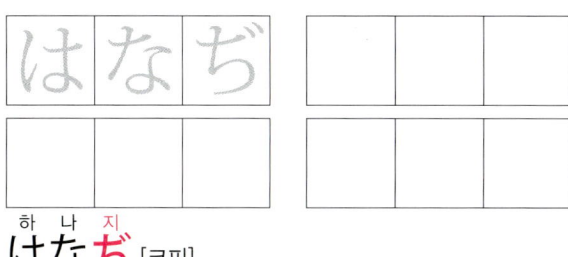

はなぢ [코피]

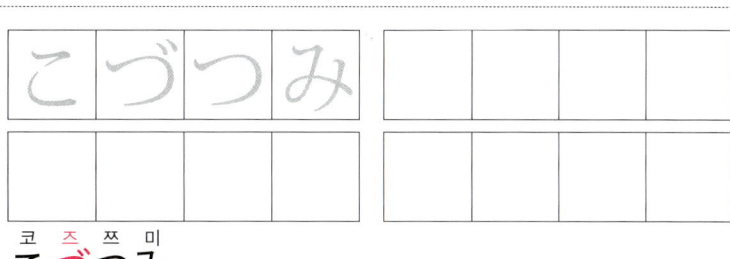

こづつみ [소포]

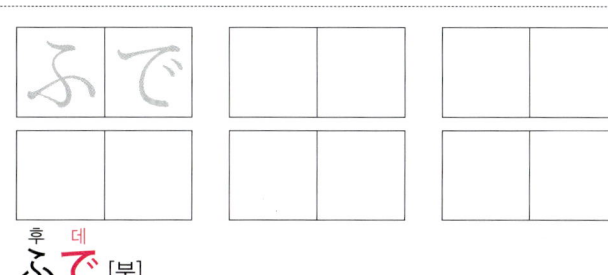

ふで [붓]

まど [창문]

ば행

ば행의 발음은 우리말 「바·비·부·베·보」와 비슷합니다. 단, 「ぶ」는 「부」와 「브」의 중간 음에 가깝게 발음합니다.

ば행 단어로 익히기

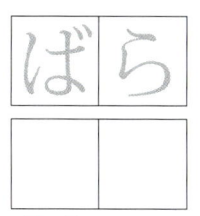

ばら [장미]

ゆびわ [반지]

ぶどう [포도]

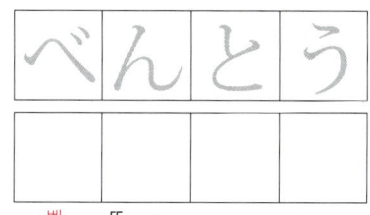

べんとう [도시락]

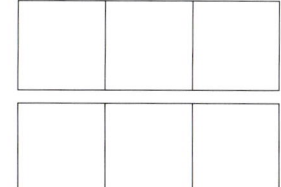

ぼうし [모자]

ぱ행

우리말의 「파·피·푸·페·포」와 「빠·삐·뿌·뻬·뽀」의 중간 음에 가깝습니다. 반탁음은 ぱ행밖에 없습니다.

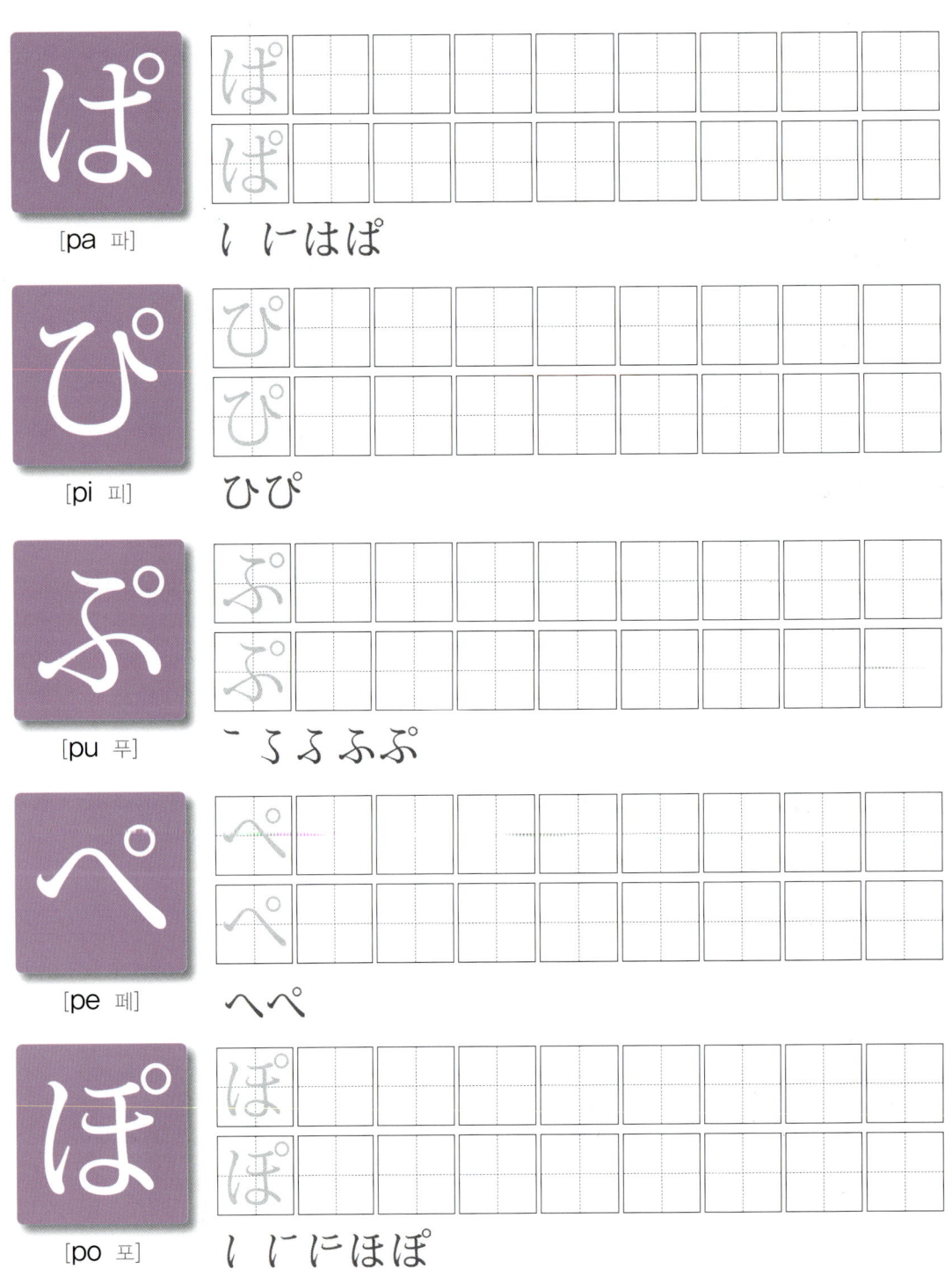

ぱ행 단어로 익히기

かんぱい

かんぱい [건배]

えんぴつ

えんぴつ [연필]

てんぷら

てんぷら [튀김]

ぺこぺこ

ぺこぺこ [배가 고픈 모양]

しっぽ

しっぽ [꼬리]

퀴즈풀기

탁음 · 반탁음 퀴즈풀기

01 탁음이 잘못된 당근은?

02 단어 익히기

요음(拗音)
ようおん

い를 제외한 い단(き・し・ち・に・ひ・み・り 및 ぎ・じ・び・ぴ) 글자의 오른쪽 아래에 「や・ゆ・よ」를 작게 써서 표기합니다. 합쳐서 1박자의 길이를 갖습니다.

きゃ kya 캬	きゅ kyu 큐	きょ kyo 쿄	ぎゃ gya 갸	ぎゅ gyu 규	ぎょ gyo 교
しゃ sya 샤	しゅ syu 슈	しょ syo 쇼	じゃ ja 쟈	じゅ ju 쥬	じょ jo 죠
ちゃ cha 챠	ちゅ chu 츄	ちょ cho 쵸			
にゃ nya 냐	にゅ nyu 뉴	にょ nyo 뇨			
ひゃ hya 햐	ひゅ hyu 휴	ひょ hyo 효	びゃ bya 뱌	びゅ byu 뷰	びょ byo 뵤
			ぴゃ pya 퍄	ぴゅ pyu 퓨	ぴょ pyo 표
みゃ mya 먀	みゅ myu 뮤	みょ myo 묘			
りゃ rya 랴	りゅ ryu 류	りょ ryo 료			

촉음(促音、つまる)
そくおん

「つ」를 작게 써서(っ) 약간 막히는 듯한 발음을 하며, 뒤에 오는 자음과 같은 음으로 발음되고, 1박자의 길이를 갖습니다.

① 「か」행 앞에서 → [k](ㄱ)

　　예) がっこう[gakko: 각꼬-] 학교　　にっき[nikki 닉끼] 일기

② 「さ」행 앞에서 → [s](ㅅ)

　　예) けっせき[kesseki 켓세끼] 결석　　ざっし[zasshi 잣시] 잡지

③ 「た」행 앞에서 → [t](ㄷ)

　　예) きって[kitte 킷떼] 우표　　よかった[yokatta 요깟따] 좋았다, 다행이다

④ 「ぱ」행 앞에서 → [p](ㅂ)

　　예) いっぱい[ippai 입빠이] 가득　　きっぷ[kippu 킵뿌] 표

요음 きゃ・ぎゃ

きゃ 우리말의 「캬·큐·쿄」와 「꺄·뀨·꾜」의 중간 음으로 발음되는데, 단어의 첫머리에 올 때는 「ㅋ」에 가깝게, 단어의 중간이나 끝에 올 때는 「ㄲ」에 가깝게 발음합니다.

ぎゃ 우리말의 「갸·규·교」와 비슷한 음이나 목의 성대를 울려서 내는 발음입니다.

きゃ [kya 캬]

きゅ [kyu 큐]

きょ [kyo 쿄]

ぎゃ [gya 갸]

ぎゅ [gyu 규]

ぎょ [gyo 교]

しゃ・じゃ

しゃ 우리말의 「샤 · 슈 · 쇼」와 거의 같은 발음입니다.

じゃ 우리말의 「쟈 · 쥬 · 죠」와 비슷한 음이나 목의 성대를 울려서 내는 발음입니다.

しゃ [sha 샤] しゃ しゃ

しゅ [shu 슈] しゅ しゅ

しょ [sho 쇼] しょ しょ

じゃ [ja 쟈] じゃ じゃ

じゅ [ju 쥬] じゅ じゅ

じょ [jo 죠] じょ じょ

요음 ちゃ・にゃ

ちゃ 우리말의 「챠・츄・쵸」와 「쨔・쮸・쬬」의 중간쯤 되는 발음입니다.

にゃ 우리말의 「냐・뉴・뇨」와 거의 같은 발음입니다.

ちゃ [cha 챠]

ちゅ [chu 츄]

ちょ [cho 쵸]

にゃ [nya 냐]

にゅ [nyu 뉴]

にょ [nyo 뇨]

ひゃ・びゃ

ひゃ 우리말의 「햐·휴·효」와 거의 같은 발음입니다.

びゃ 우리말의 「뱌·뷰·뵤」와 비슷한 음이나 목의 성대를 울려서 내는 발음입니다.

요음 ぴゃ・みゃ

ぴゃ 우리말의 「퍄・퓨・표」와 「뺘・쀼・뾰」의 중간쯤 되는 발음입니다.

みゃ 우리말의 「먀・뮤・묘」와 거의 같은 발음입니다.

りゃ

りゃ 우리말의 「랴·류·료」와 거의 같은 발음입니다.

りゃ [rya 랴]

りゅ [ryu 류]

りょ [ryo 료]

요음 / 단어로 익히기

	きゅうり	
きゅうり [오이]		
	きんぎょ	
きんぎょ [금붕어]		
	にんぎょう	
にんぎょう [인형]		
	ぎゅうにゅう	
ぎゅうにゅう [우유]		
	いしゃ	
いしゃ [의사]		

요음/단어로 익히기

じゃがいも [감자]	じゃがいも	
と**しょ**かん [도서관]	としょかん	
お**ちゃ** [차]	おちゃ	
ちゅうごく [중국]	ちゅうごく	
にゅうがく [입학]	にゅうがく	

요음 / 단어로 익히기

ひゃく [100]	ひゃく	
さんびゃく [300]	さんびゃく	
はっぴゃく [800]	はっぴゃく	
びょういん [병원]	びょういん	
りょうり [요리]	りょうり	

촉음 / 단어로 익히기

がっこう [학교]	がっこう	
にっき [일기]	にっき	
ざっし [잡지]	ざっし	
きって [우표]	きって	
いっぱい [가득]	いっぱい	

퀴즈풀기

요음 · 촉음 퀴즈풀기

01 요음과 관련이 <u>없는</u> 사과는?

02 〈보기〉에서 밑줄 친 부분의 발음이 같은 것끼리 알맞게 연결된 것은?

〈보기〉
a. き<u>っ</u>て　　　b. が<u>っ</u>こう　　　c. け<u>っ</u>せき
d. に<u>っ</u>き　　　e. ざ<u>っ</u>し　　　　f. よか<u>っ</u>た

① a-b, c-d, e-f　　　② a-b, c-f, d-e
③ a-c, b-f, d-e　　　④ a-f, b-d, c-e
⑤ a-f, b-e, c-d

03 단어 익히기

① 　　② 　　③

と☐かん　　い☐　　☐ういん

발음(撥音、はねる音)

일본어의 음을 가나로 표기했을 때 「ん」으로 나타내는 음입니다. 우리말의 받침 역할을 하며 뒤에 오는 음의 영향을 받아 각기 [m/n/ŋ/N]으로 발음됩니다. 모음을 동반하지 않는 비음으로 어두와 촉음, 발음의 뒤에는 오지 않습니다. 1박으로 발음하며 단독으로는 사용되지 않습니다.

① 「ま・ば・ぱ」행 앞에서 → [m(ㅁ)]
　예) てんぷら[tempura 템뿌라] 튀김요리　　さんぽ[sampo 삼뽀] 산책

② 「さ・ざ・た・だ・な・ら」행 앞에서 → [n(ㄴ)]
　예) べんとう[bentou 벤또-] 도시락　　おんな[onna 온나] 여자

③ 「か・が」행 앞에서 → [ŋ(ㅇ)]
　예) かんこく[kaŋkoku 캉꼬꾸] 한국　　おんがく[oŋgaku 옹가꾸] 음악

④ 「あ・は・や・わ행」 앞과 단어의 끝에 올 때 → [N(ㄴ과 ㅇ의 중간 음)]
　예) ほんや[hoNya 홍야] 서점　　でんわ[deNwa 뎅와] 전화

장음(長音)

일본어의 음을 가나로 표기할 때 「ー」로 표시되는 음으로, 바로 앞 음절의 입 모양 그대로 발음합니다. 장음 하나는 1박으로 세며 단독으로는 사용되지 않습니다.

① あ단+あ [a:]
　예) おばあさん[oba:saN 오바-상] 할머니　　おかあさん[oka:saN 오까-상] 어머니

② い단+い [i:]
　예) おじいさん[oji:saN 오지-상] 할아버지　　おにいさん[oni:saN 오니-상] 형, 오빠

③ う단+う [u:]
　예) すうがく[su:gaku 스-가꾸] 수학　　ふうふ[hu:hu 후-후] 부부

④ え단+え 또는 え단+い [e:]
　예) おねえさん[one:saN 오네-상] 언니, 누나　　せんせい[sense: 센세-] 선생님

⑤ お단+お 또는 お단+う [o:]
　예) おおい[o:i 오-이] 많다　　おとうさん[oto:saN 오또-상] 아버지

⑥ カタカナ의 장음은 「ー」로 나타낸다.
　예) サービス[sa:bisu 사-비스] 서비스
　　　アイスクリーム[aisukuri:mu 아이스꾸리-무] 아이스크림

발음 / 단어로 익히기

	さんぽ	
さんぽ [산책] 삼 뽀		

	おんな	
おんな [여자] 온 나		

	おんがく	
おんがく [음악] 옹 가 꾸		

	ほんや	
ほんや [서점] 홍 야		

	うどん	
うどん [우동] 우 동		

장음/단어로 익히기

おばあさん [할머니]	おばあさん	
おかあさん [어머니]	おかあさん	
おじいさん [할아버지]	おじいさん	
すうがく [수학]	すうがく	
おねえさん [언니, 누나]	おねえさん	

장음 / 단어로 익히기

센 세 － **せんせい** [선생님]	せんせい	
오 － 이 **おおい** [많다]	おおい	
오 또 － 상 **おとうさん** [아버지]	おとうさん	
코 － 꼬 **こうこう** [고등학교]	こうこう	
아 이 스 꾸 리 － 무 **アイスクリーム** [아이스크림]	アイスクリーム	

퀴즈풀기

발음·장음 퀴즈풀기

01 〈보기〉에서 밑줄 친 부분이 'ㄴ[n]'으로 발음되는 단어의 수는?

〈보기〉

べんとう　　おんがく　　せんせい　　うんてん

おんな　　　さんぽ　　　かんこく　　かんじ

*うんてん : 운전　　かんじ : 한자

① 1개　　② 2개　　③ 3개　　④ 4개　　⑤ 5개

02 다음 중 밑줄 친 부분과 발음이 같은 것은?

とけい

① すうがく　　② こうこう　　③ せんせい
④ とおか　　　⑤ おにいさん

쉬어가기

※ 주어진 문자를 사용하여 그림에 알맞은 단어를 쓰세요.

(1)  が　め　ね　⇒

(2)  ず　ち　⇒

(3)  び　ゆ　わ　⇒

(4)  ん　え　つ　ぴ　⇒

(5)  う　にゅ　ぎゅ　う　⇒

(6)  ちゃ お ⇒

(7)  びょ ん い う ⇒

(8)  い いっ ぱ ⇒

(9)  ほ や ん ⇒

(10) う す が く ⇒

어디에 숨어 있을까?

※ 지금까지 배운 아래 그림의 단어를 모두 찾아 묶으세요. (겹쳐도 됨)

ぶ	と	ゆ	か	あ	え	う	た
ど	け	ら	お	お	い	く	こ
う	い	く	ん	や	え	み	ろ
お	ち	だ	が	け	ん	あ	う
ん	ご	れ	ひ	び	ぴ	ん	そ
が	さ	い	こ	す	う	が	く
く	め	ぞ	う	せ	す	く	り
め	が	う	き	と	し	か	さ
お	ね	こ	ぬ	し	つ	く	え
ち	ゆ	び	わ	ょ	か	す	ん
ゃ	び	わ	に	か	え	り	ぴ
い	し	ゃ	ま	ん	し	や	つ

76 첫걸음보다 먼저 시작하는 일본어

가타카나

カタカナ					
	ア단	イ단	ウ단	エ단	オ단
ア행	ア a 아	イ i 이	ウ u 우	エ e 에	オ o 오
カ행	カ ka 카	キ ki 키	ク ku 쿠	ケ ke 케	コ ko 코
サ행	サ sa 사	シ shi 시	ス su 스	セ se 세	ソ so 소
タ행	タ ta 타	チ chi 치	ツ tsu 츠	テ te 테	ト to 토
ナ행	ナ na 나	ニ ni 니	ヌ nu 누	ネ ne 네	ノ no 노
ハ행	ハ ha 하	ヒ hi 히	フ hu 후	ヘ he 헤	ホ ho 호
マ행	マ ma 마	ミ mi 미	ム mu 무	メ me 메	モ mo 모
ヤ행	ヤ ya 야		ユ yu 유		ヨ yo 요
ラ행	ラ ra 라	リ ri 리	ル ru 루	レ re 레	ロ ro 로
ワ행	ワ wa 와				ヲ o 오
	ン n 응				

ア 행

ア행의 발음은 우리말의 「아·이·우·에·오」와 같으나 ウ는 「우」와 「으」의 중간 음으로 입술을 앞으로 내밀지 않도록 합니다.

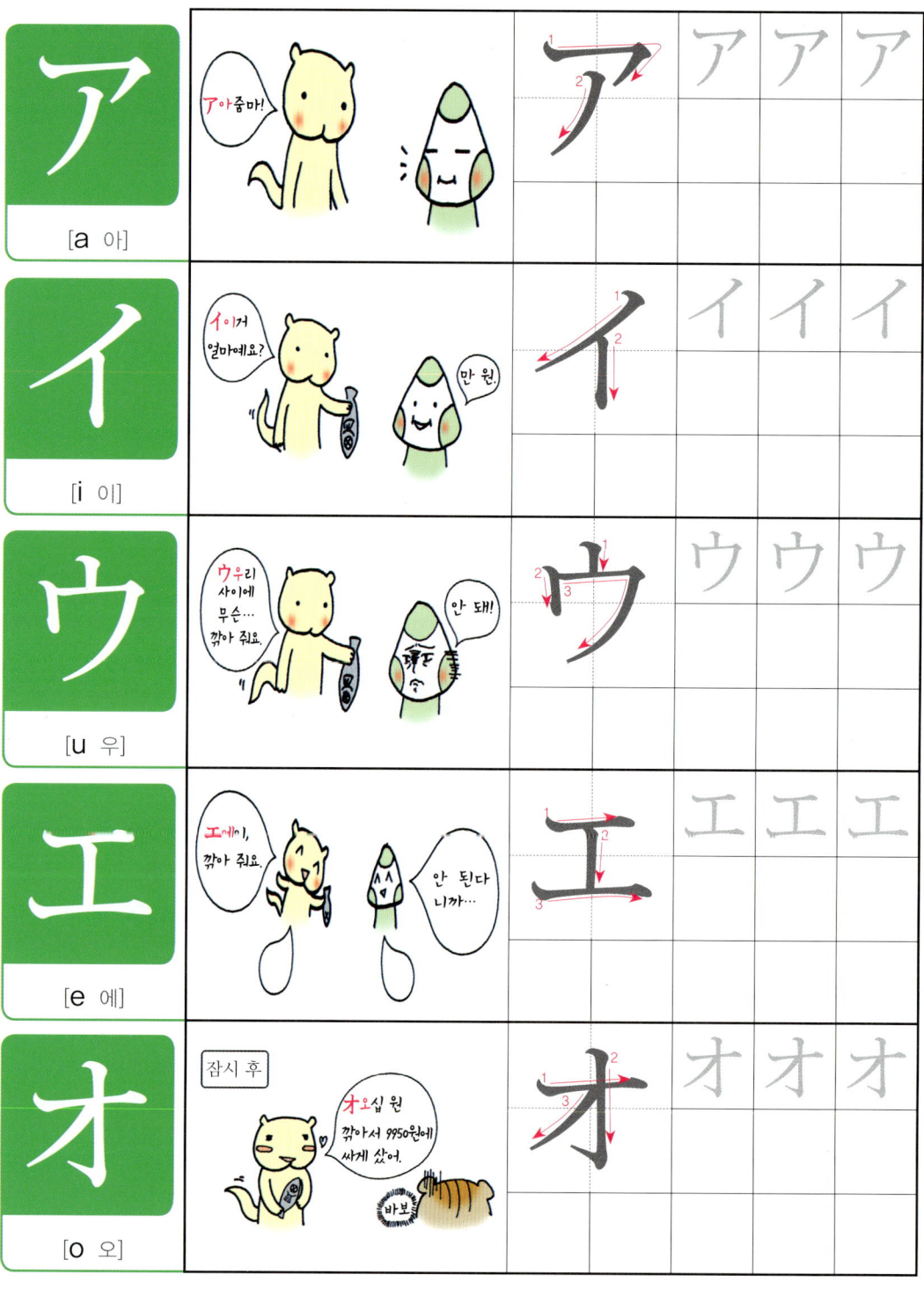

ア행 단어로 익히기

アイスクリーム
[아이스크림]

ア	イ	ス	ク	リ	ー
ム					

イギリス
[영국]

イ	ギ	リ	ス		

ウインク
[윙크]

ウ	イ	ン	ク		

エプロン
[앞치마]

エ	プ	ロ	ン		

オートバイ
[오토바이]

オ	ー	ト	バ	イ	

가타카나

カ 행

カ행이 단어의 첫머리에 올 때는 「ㄱ」과 「ㅋ」의 중간 음에 가깝게, 단어의 중간이나 끝에 올 때는 「ㄲ」쪽에 가깝게 발음되는 경우가 많습니다.

カ [ka 카]		カ	カ カ カ
キ [ki 키]		キ	キ キ キ
ク [ku 쿠]		ク	ク ク ク
ケ [ke 케]		ケ	ケ ケ ケ
コ [ko 코]		コ	コ コ コ

80 첫걸음보다 먼저 시작하는 일본어

カ행 단어로 익히기

カメラ
[카메라]

カ	メ	ラ		

キー
[열쇠]

キ	ー			

クリスマス
[크리스마스]

ク	リ	ス	マ	ス

ケーキ
[케이크]

ケ	ー	キ		

コーヒー
[커피]

コ	ー	ヒ	ー	

サ 행

サ행의 발음은 우리말의 「사·시·스·세·소」와 유사하나, 「ス」는 「수」와 「스」의 중간 음으로 「수」보다는 「스」에 가깝게 발음됩니다.

サ [sa 사]		サ	サ サ サ
シ [shi 시]		シ	シ シ シ
ス [su 스]		ス	ス ス ス
セ [se 세]		セ	セ セ セ
ソ [so 소]		ソ	ソ ソ ソ

82 첫걸음보다 먼저 시작하는 일본어

サ행 단어로 익히기

사 라 다
サラダ
[샐러드]

サ	ラ	ダ		

시 - 소 -
シーソー
[시소]

シ	ー	ソ	ー	

스 끼 -
スキー
[스키]

ス	キ	ー		

세 - 따 -
セーター
[스웨터]

セ	ー	タ	ー	

소 우 루
ソウル
[서울]

ソ	ウ	ル		

タ행

단어의 첫머리에「タ・テ・ト」가 올 때는 우리말의「다・데・도」보다는 세게,「타・테・토」보다는 약하게 발음하며, 단어의 중간이나 끝에 올 때는「따・떼・또」에 가깝게 발음합니다.「チ」는「찌」와「치」의 중간 음에 가깝게,「ツ」는 혀끝을 잇몸에 가볍게 터치하면서「츠」보다 약하게 발음합니다.

タ [ta 타]	タ타이트한 블라우스	タ	タ タ タ
チ [chi 치]	로맨틱한 チ치마	チ	チ チ チ
ツ [tsu 츠]	거기에 부ツ츠까지 신으면	ツ	ツ ツ ツ
テ [te 테]	이젠 나도 패션 리더~ 패션 テ 테러리스트겠지.	テ	テ テ テ
ト [to 토]	내 패션에 ト토 달지 마.	ト	ト ト ト

タ행 단어로 익히기

타 꾸 시 ー
タクシー
[택시]

タ	ク	シ	ー	

치 ー 즈
チーズ
[치즈]

チ	ー	ズ		

샤 츠
シャ**ツ**
[셔츠]

シ	ャ	ツ		

테 니 스
テニス
[테니스]

テ	ニ	ス		

토 마 토
トマト
[토마토]

ト	マ	ト		

가타카나

ナ 행

ナ행은 우리말의 「나 · 니 · 누 · 네 · 노」와 거의 같은 발음을 하면 됩니다.

ナ [na 나]	자, 어떻게 ナ나누면 공평할까?	ナ ナ ナ ナ
ニ [ni 니]	공평해 보이냐? 아ニ니.	二 二 二 二
ヌ [nu 누]	나ヌ누기 싫으면 말던가. 어허, 왜 그래.	ヌ ヌ ヌ ヌ
ネ [ne 네]	싫다면서… ネ내가 언제 그런 말을 했니?	ネ ネ ネ ネ
ノ [no 노]	잠시 후 ノ노랭이…	ノ ノ ノ ノ

ナ행 단어로 익히기

バナナ
[바나나]

バ	ナ	ナ		

 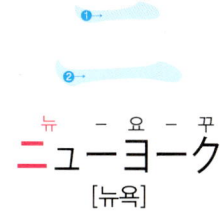

ニューヨーク
[뉴욕]

ニ	ュ	ー	ヨ	ー	ク

カヌー
[카누]

カ	ヌ	ー		

ネクタイ
[넥타이]

ネ	ク	タ	イ	

ノート
[노트]

ノ	ー	ト		

가타카나

퀴즈풀기

ア행~ナ행 퀴즈풀기

01 히라가나와 가타카나가 서로 대응되게 연결하세요.

ア행

① あ ・　　　㉠ エ
② い ・　　　㉡ ウ
③ う ・　　　㉢ ア
④ え ・　　　㉣ オ
⑤ お ・　　　㉤ イ

カ행

① か ・　　　㉠ カ
② き ・　　　㉡ コ
③ く ・　　　㉢ ケ
④ け ・　　　㉣ ク
⑤ こ ・　　　㉤ キ

サ행

① さ ・　　　㉠ シ
② し ・　　　㉡ ソ
③ す ・　　　㉢ セ
④ せ ・　　　㉣ サ
⑤ そ ・　　　㉤ ス

タ행

① た ・　　　㉠ タ
② ち ・　　　㉡ ト
③ つ ・　　　㉢ ツ
④ て ・　　　㉣ テ
⑤ と ・　　　㉤ チ

ナ행

① な ・　　　㉠ ナ
② に ・　　　㉡ ネ
③ ぬ ・　　　㉢ ヌ
④ ね ・　　　㉣ ニ
⑤ の ・　　　㉤ ノ

쉬어가기

※ 다음 단어와 그림을 연결하세요.

(1) ソウル

(2) コーヒー

(3) ネクタイ

(4) テニス

(5) エプロン

(6) カメラ

(7) アイスクリーム

(8) ケーキ

ハ행

ハ행은 「하·히·후·헤·호」와 거의 같은 발음이지만 「フ」는 「후」와 「흐」의 중간 음으로 촛불을 불어서 끌 때 내는 소리와 유사하며 입술을 둥글게 앞으로 내밀지 않도록 합니다.

ハ [ha 하]		ハ	ハ ハ ハ
ヒ [hi 히]		ヒ	ヒ ヒ ヒ
フ [hu 후]		フ	フ フ フ
ヘ [he 헤]		ヘ	ヘ ヘ ヘ
ホ [ho 호]		ホ	ホ ホ ホ

ハ행 단어로 익히기

 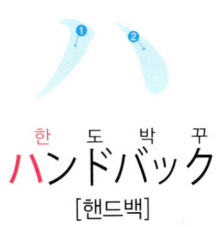

한 도 박 꾸
ハンドバック
[핸드백]

ハ	ン	ド	バッ	ク

히 ― 루
ヒール
[힐]

ヒ	ー	ル		

후 라 이 빤
フライパン
[후라이팬]

フ	ラ	イ	パ	ン

헤 리 꼬 뿌 따 ―
ヘリコプター
[헬리콥터]

ヘ	リ	コ	プ	ター

호 떼 루
ホテル
[호텔]

ホ	テ	ル		

가타카나

マ행

マ행은 우리말의 「마·미·무·메·모」와 거의 같은 발음이나 「ム」는 「무」와 「므」의 중간 음에 가깝습니다. 이때 입술을 앞으로 둥글게 내밀지 않도록 합니다.

マ행 단어로 익히기

마 스 꾸
マスク
[마스크]

マ	ス	ク			

미 사 이 루
ミサイル
[미사일]

ミ	サ	イ	ル		

가 무
ガ**ム**
[껌]

ガ	ム				

메 론
メロン
[메론]

メ	ロ	ン			

메 모
メ**モ**
[메모]

メ	モ				

ヤ행의 발음은 우리말의 「야·유·요」와 거의 같으며, 「ヤ·ユ·ヨ」는 ワ와 함께 일본어의 반모음에 해당됩니다. 「ユ·ヨ」를 발음할 때는 지나치게 입술을 내밀지 않도록 합니다.

ヤ [ya 야]		ヤ	ヤ	ヤ	ヤ
ユ [yu 유]		ユ	ユ	ユ	ユ
ヨ [yo 요]		ヨ	ヨ	ヨ	ヨ

ヤ행 단어로 익히기

이 야 링 구
イヤリング
[귀고리]

イ	ヤ	リ	ン	グ

유 ー 땅 ー
ユーターン
[유턴]

ユ	ー	タ	ー	ン

욧 또
ヨット
[요트]

ヨ	ッ	ト		

ラ행

ラ행의 발음은 우리말의 「라·리·루·레·로」와 거의 같으나, 「ル」는 「루」와 「르」의 중간 음에 가깝습니다.

ラ [ra 라]		ラ	ラ ラ ラ
リ [ri 리]		リ	リ リ リ
ル [ru 루]		ル	ル ル ル
レ [re 레]		レ	レ レ レ
ロ [ro 로]		ロ	ロ ロ ロ

96 첫걸음보다 먼저 시작하는 일본어

ラ행 단어로 익히기

라 이 온
ライオン
[사자]

ラ	イ	オ	ン	

리 스
リス
[다람쥐]

リ	ス			

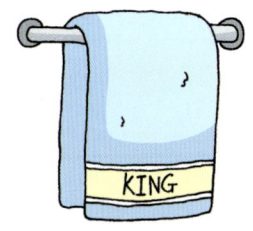 
타 오 루
タオル
[타월]

タ	オ	ル		

레 몬
レモン
[레몬]

レ	モ	ン		

로 봇 또
ロボット
[로봇]

ロ	ボ	ッ	ト	

가타카나

ワ행

ワ행・ン

「ワ」의 발음은 우리말의 「와」와 같으며, 「ヲ」는 「オ」와 발음이 같습니다. 「ン」은 기본적으로 「응」으로 읽습니다.

ワ [wa 와]		ワ	ワ ワ ワ	
ヲ [o 오]		ヲ	ヲ ヲ ヲ	
ン [n 응]		ン	ン ン ン	

ワ행·ン 단어로 익히기

와 인
ワイン
[와인]

ワ	イ	ン		

ヲ				

[예문 없음]

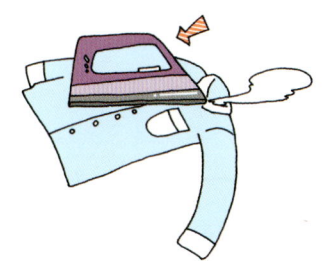

아 이 롱
アイロン
[다리미]

ア	イ	ロ	ン	

가타카나

퀴즈풀기

ハ행~ン 퀴즈풀기

01 히라가나와 가타카나가 서로 대응되게 연결하세요.

ハ행
① は ・　　　　㉠ フ
② ひ ・　　　　㉡ ハ
③ ふ ・　　　　㉢ ホ
④ へ ・　　　　㉣ ヘ
⑤ ほ ・　　　　㉤ ヒ

マ행
① ま ・　　　　㉠ モ
② み ・　　　　㉡ ム
③ む ・　　　　㉢ メ
④ め ・　　　　㉣ マ
⑤ も ・　　　　㉤ ミ

ヤ행
① や ・　　　　㉠ ユ
② ゆ ・　　　　㉡ ヤ
③ よ ・　　　　㉢ ヨ

ラ행
① ら ・　　　　㉠ ラ
② り ・　　　　㉡ レ
③ る ・　　　　㉢ リ
④ れ ・　　　　㉣ ロ
⑤ ろ ・　　　　㉤ ル

ワ행・ン
① わ ・　　　　㉠ ン
② を ・　　　　㉡ ワ
③ ん ・　　　　㉢ ヲ

쉬어가기

※ 단어와 그림의 연결이 바르지 <u>않은</u> 것을 고르세요.

(1)

フライパン　　　　　ホテル　　　　　ヘリコプター

(2)

マスク　　　　　メロン　　　　　ガム

(3)

イヤリング　　　　　ヨット　　　　　ライオン

(4)

リス　　　　　アイロン　　　　　ロボット

가타카나 101

혼동하기 쉬운 가타카나 퀴즈

※ 다음 빈칸에 들어갈 알맞은 문자와 연결하세요.

(1) □インク・　　　　　・ウ

(2) □イン・　　　　　・ワ

(3) □ーズ・　　　　　・チ

(4) □ニス・　　　　　・テ

(5) □ーヒー・　　　　　・ユ

(6) □ーターン・　　　　　・コ

(7) □ーソー・　　　　　　・ツ

(8) シャ□・　　　　　　　・シ

(9) □キー・　　　　　　　・ス

(10) カ□ー・　　　　　　　・ヌ

(11) アイロ□・　　　　　　・ン

(12) □ウル・　　　　　　　・ソ

 **탁음**

ガ행은 「カ・キ・ク・ケ・コ」에 탁점을 붙인 것으로 우리말의 「가・기・구・게・고」와 비슷한 발음이나, 우리말 첫음절에 올 때의 발음이 아니라 「아가」의 「가」, 「고기」의 「기」와 같이 성대를 울려서 발음합니다. 단 ガ행이 단어 중간이나 끝에서는 콧소리에 가깝게 발음합니다.

ガ [ga 가]　フカガガ

ギ [gi 기]　一ニキギギ

グ [gu 구]　ノクググ

ゲ [ge 게]　ノトケゲゲ

ゴ [go 고]　フコゴゴ

ガ행 단어로 익히기

ヨガ

요 가
ヨ**ガ** [요가]

ギター

기 따 —
ギター [기타]

サングラス

상 구 라 스
サン**グ**ラス [선글라스]

スパゲッティ

스 빠 겟 티
スパ**ゲ**ッティ [스파게티]

ゴルフ

고 루 후
ゴルフ [골프]

가타카나 105

ザ행

ザ행의 발음은 우리말 「자·지·즈·제·조」와 비슷하게 들리는 듯하지만, 실제로는 우리말에 없는 발음입니다. 목의 성대를 울려서 발음합니다.

ザ행 단어로 익히기

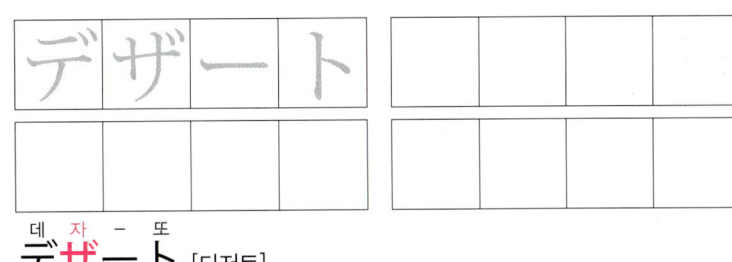

데 자 ― 또
デザート [디저트]

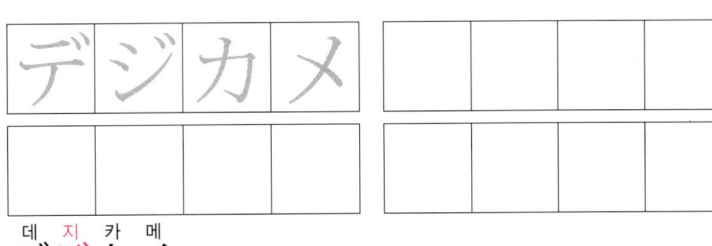

데 지 카 메
デジカメ [디카]

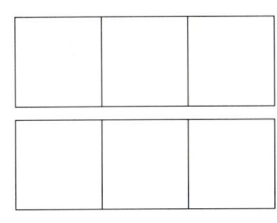

즈 봉
ズボン [바지]

푸 레 젠 또
プレゼント [선물]

오 존
オゾン [오존]

ダ행

ダ행의「ダ・デ・ド」는 입천장 앞쪽을 혀끝으로 가볍게 터치하면서 발음합니다.「ヂ・ヅ」는「ジ・ズ」와 동일하게 발음합니다.

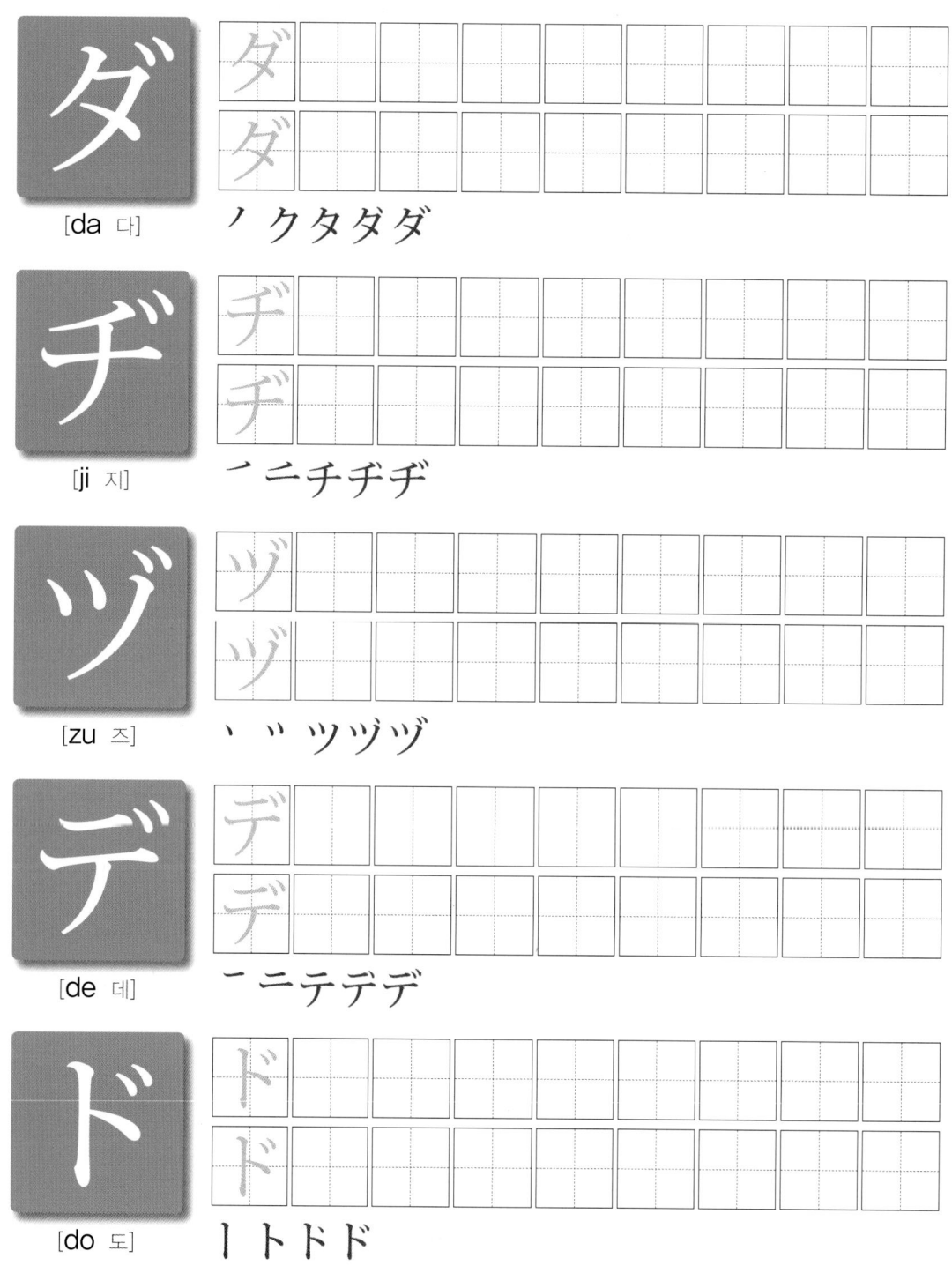

ダ행 단어로 익히기

메 다 루
メダル [메달]

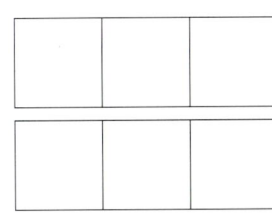

치 지 미
チヂミ [부침개]

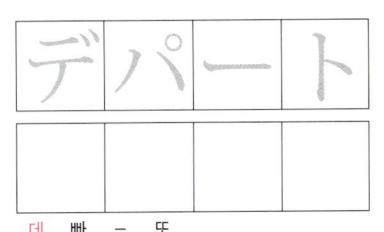
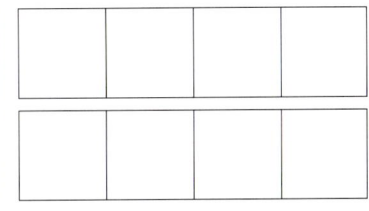

데 빠 ー 또
デパート [백화점]

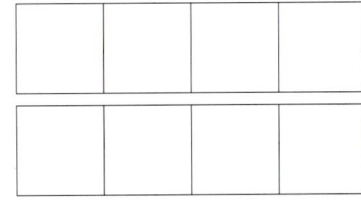

한 도 루
ハンドル [핸들]

バ행

バ행의 발음은 우리말 「바·비·부·베·보」와 비슷합니다. 단 「ブ」는 「부」와 「브」의 중간 음에 가깝게 발음합니다.

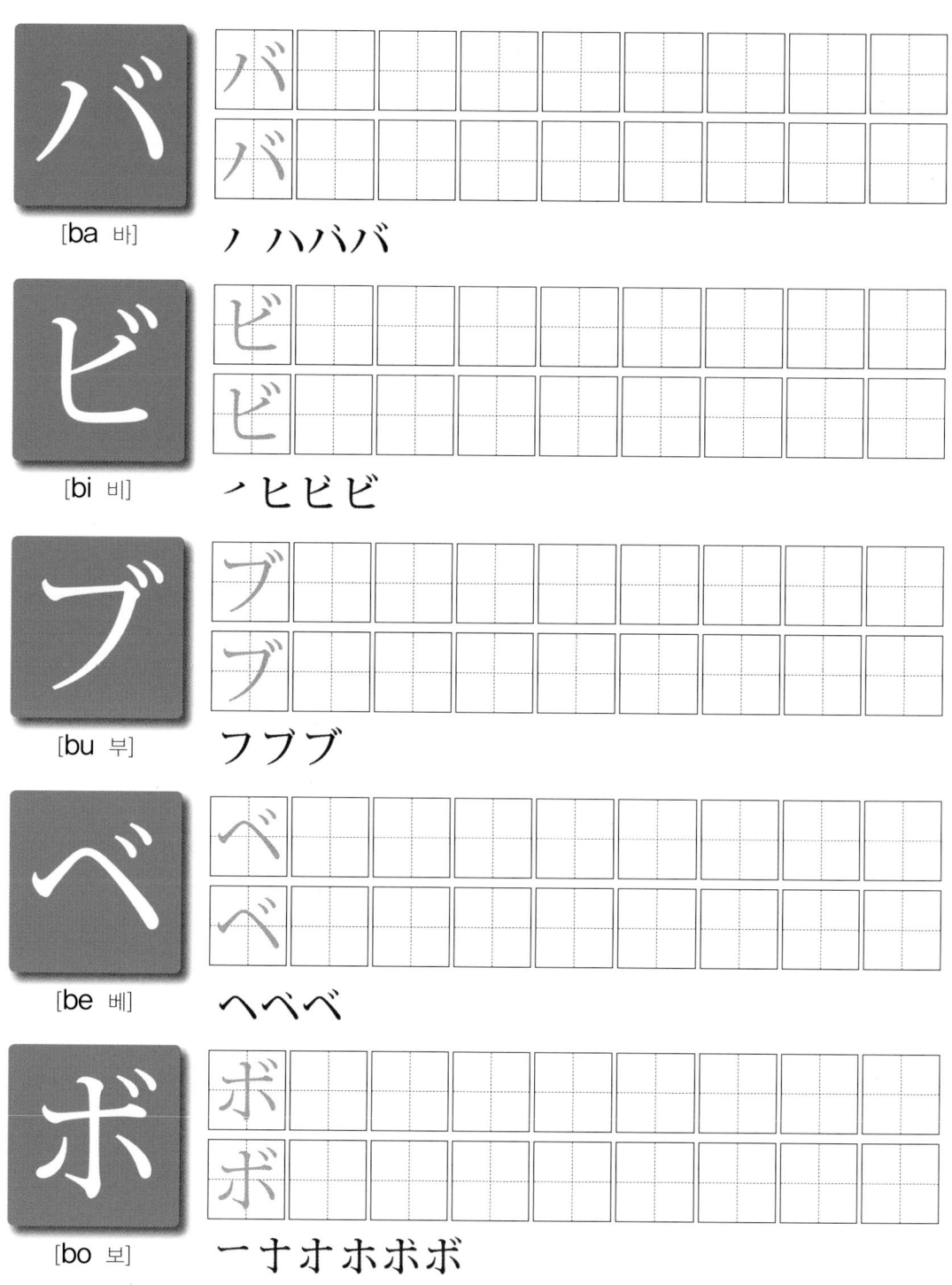

バ행 단어로 익히기

バス [버스]

テレビ [텔레비전]

テーブル [테이블]

ベッド [침대]

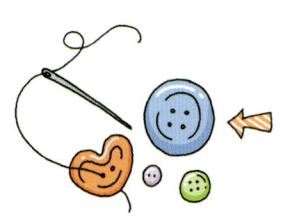

ボタン [단추]

パ행

우리말의 「파·피·푸·페·포」와 「빠·삐·뿌·뻬·뽀」의 중간 음에 가깝습니다. 반탁음은 パ행밖에 없습니다.

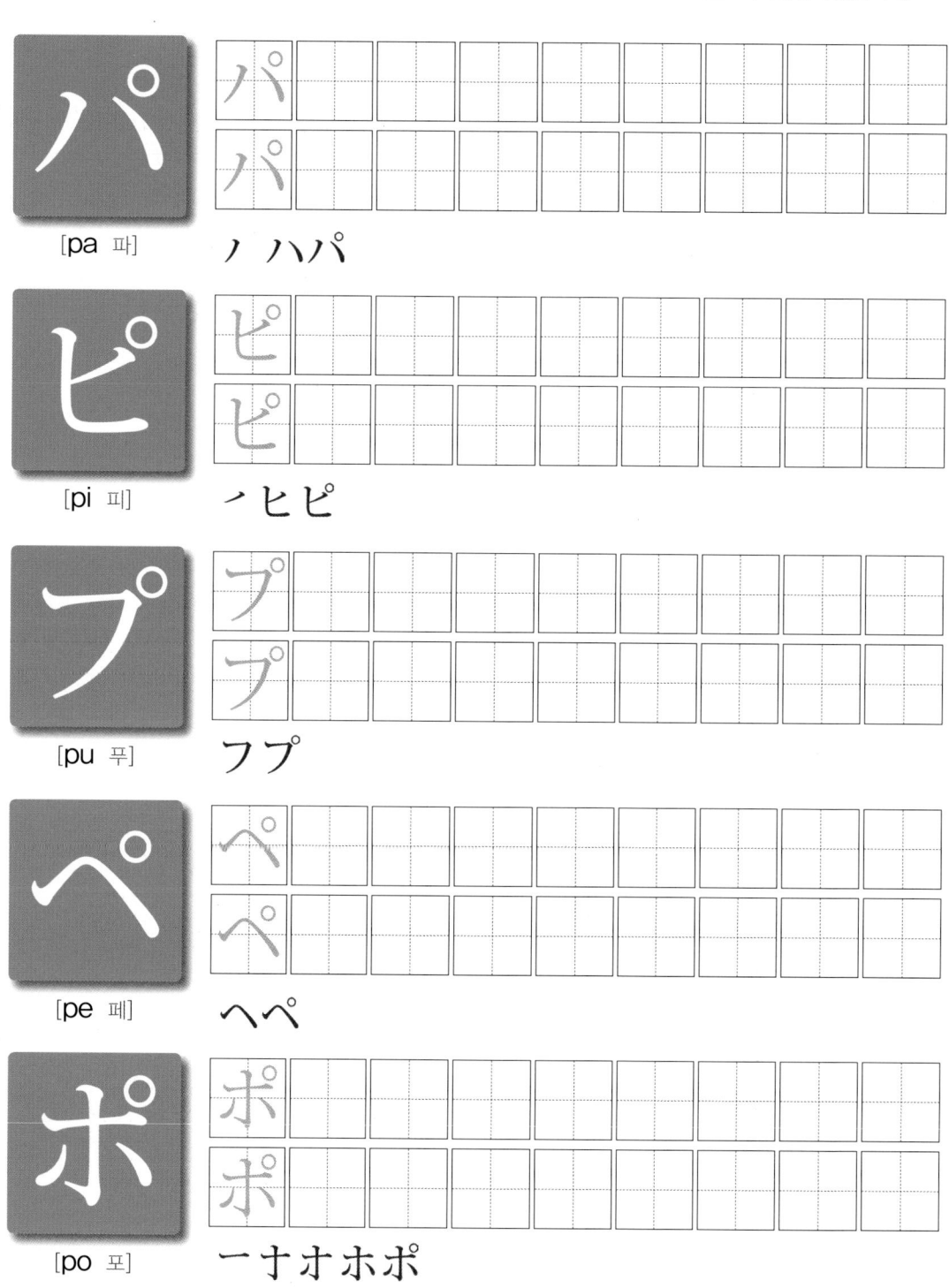

パ행 단어로 익히기

パン [빠]

ピアノ [피아노]

プール [수영장]

ペット [애완동물]

ポスト [우체통]

요음　キャ・ギャ

キャ　우리말의「캬・큐・쿄」와「꺄・뀨・꾜」의 중간 음으로 발음되는데, 단어의 첫머리에 올 때는「ㅋ」에 가깝게, 단어의 중간이나 끝에 올 때는「ㄲ」에 가깝게 발음합니다.

ギャ　우리말의「갸・규・교」와 비슷한 음이나 목의 성대를 울려서 내는 발음입니다.

キャ [kya 캬]

キュ [kyu 큐]

キョ [kyo 쿄]

ギャ [gya 갸]

ギュ [gyu 규]

ギョ [gyo 교]

シャ・ジャ

シャ 우리말의 「샤·슈·쇼」와 거의 같은 발음입니다.

ジャ 우리말의 「쟈·쥬·죠」와 비슷한 음이나 목의 성대를 울려서 내는 발음입니다.

シャ [sha 샤]

シュ [shu 슈]

ショ [sho 쇼]

ジャ [ja 쟈]

ジュ [ju 쥬]

ジョ [jo 죠]

요음 チャ・ニャ

チャ 우리말의 「차·츄·쵸」와 「쨔·쮸·쬬」의 중간쯤 되는 발음입니다.

ニャ 우리말의 「냐·뉴·뇨」와 거의 같은 발음입니다.

チャ [cha 챠]

チュ [chu 츄]

チョ [cho 쵸]

ニャ [nya 냐]

ニュ [nyu 뉴]

ニョ [nyo 뇨]

ヒャ · ビャ

ヒャ 우리말의 「햐 · 휴 · 효」와 거의 같은 발음입니다.

ビャ 우리말의 「뱌 · 뷰 · 뵤」와 비슷한 음이나 목의 성대를 울려서 내는 발음입니다.

요음 ピャ・ミャ

ピャ 우리말의 「파・퓨・표」와 「빠・뿌・뽀」의 중간쯤 되는 발음입니다.

ミャ 우리말의 「먀・뮤・묘」와 거의 같은 발음입니다.

リャ

リャ 우리말의 「랴・류・료」와 거의 같은 발음입니다.

リャ
[rya 랴]

リュ
[ryu 류]

リョ
[ryo 료]

요음/단어로 익히기

	キャベツ	

캬 베 쯔
キャベツ [양배추]

	ジュース	

쥬 ― 스
ジュース [주스]

	チョコレート	

쵸 꼬 레 ― 또
チョコレート [초콜릿]

	ニャーニャー	

냐 ― 냐 ―
ニャーニャー [야옹야옹]

	メニュー	

메 뉴 ―
メ**ニュ**ー [메뉴]

퀴즈풀기

탁음 · 요음 퀴즈풀기

01 탁음이 잘못된 도토리는?

02 단어 익히기

① ☐☐ー ト

② ☐ ア ノ

③ メ ☐ ー

쉬어가기

※ 주어진 문자를 사용하여 그림에 알맞은 단어를 쓰세요.

(1) 　　タ　ギ　ー　　⇨

(2) 　　ゴ　フ　ル　　⇨

(3) 　　ザ　デ　ト　ー　⇨

(4) 　　レ　プ　ン　ゼ　ト　⇨

(5) 　　ー　パ　ト　デ　⇨

(6) ス　バ　　　⇨

(7) ビ　テ　レ　　⇨

(8) ノ　ピ　ア　　⇨

(9) ッ　ペ　ト　　⇨

(10) ス　ュ　ジ　ー　⇨

히라가나 점선잇기

※ あ행~ん까지 순서대로 연결해 봅시다.

가타카나 점선잇기

※ ア행~ン까지 순서대로 연결해 봅시다.

히라가나 끝말잇기

※ 끝말잇기에 맞게 빈칸에 알맞은 히라가나를 써 봅시다.

へのへのもへじ(헤노헤노모헤지)

※「へのへのもへじ」 7글자를 이용하여 얼굴 그리기 놀이.

견본

〈나도 해보기〉

아이들의 솜씨

기초 생활회화 표현 15

01 인사할 때
- 아침 인사
- 낮 인사
- 저녁 인사
- 잠자기 전 인사
- 새해 인사

02 자기소개할 때
03 헤어질 때
04 사과할 때
05 외출할 때
06 귀가할 때
07 식사할 때
08 감사할 때
09 축하할 때
10 다시 만날 때
11 전화할 때
12 방문할 때
13 격려할 때
14 칭찬할 때
15 승낙과 거절

01 인사할 때

※ 빈칸에 문장을 그대로 써 보세요.

아침 인사

A :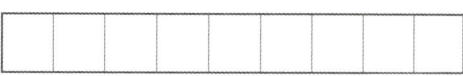
おはようございます。
안녕하세요.

| | | | | | | | |

B :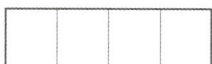
おはよう。
안녕.

| | | | |

낮 인사

A :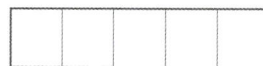
こんにちは。
안녕.

| | | | |

B :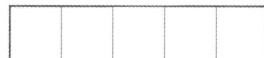
こんにちは。
안녕.

| | | | |

저녁 인사

A :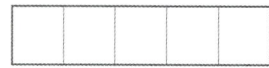
こんばんは。
안녕.

| | | | |

B : こんばんは。
안녕.

| | | | |

잠자기 전 인사

A: ^{오야스미나사이}おやすみなさい。
안녕히 주무세요.

B: ^{오야스미}おやすみ。
잘 자.

새해 인사

A: ^{아께마시떼오메데또-}あけましておめでとう。
새해 복 많이 받으세요.

B: ^{아께마시떼오메데또-}あけましておめでとう。
새해 복 많이 받으세요.

A: ^{코또시모요로시꾸}ことしもよろしく。
올해도 잘 부탁합니다.

B: ^{코찌라꼬소}こちらこそ、
^{코또시모요로시꾸}ことしもよろしく。
저야말로 올해도 잘 부탁합니다.

					、

02 자기소개할 때

A: <ruby>はじめまして<rt>하지메마시떼</rt></ruby>。
처음 뵙겠습니다.

<ruby>わたしはきむらです<rt>와따시와 키무라데스</rt></ruby>。
저는 기무라입니다.

<ruby>どうぞよろしく<rt>도-조 요로시꾸</rt></ruby>
<ruby>おねがいします<rt>오네가이시마스</rt></ruby>。
잘 부탁드립니다.

B: <ruby>わたしはパクです<rt>와따시와 박데스</rt></ruby>。
저는 박입니다.

<ruby>こちらこそ、どうぞ<rt>코찌라꼬소 도-조</rt></ruby>
<ruby>よろしくおねがいします<rt>요로시꾸 오네가이시마스</rt></ruby>。
저야말로 잘 부탁드립니다.

03 헤어질 때

A : <ruby>せ<rt>센</rt></ruby><ruby>ん<rt>세</rt></ruby><ruby>せ<rt>–</rt></ruby><ruby>い<rt></rt></ruby>、<ruby>さ<rt>사</rt></ruby><ruby>よ<rt>요</rt></ruby><ruby>う<rt>–</rt></ruby><ruby>な<rt>나</rt></ruby><ruby>ら<rt>라</rt></ruby>。

선생님. 안녕히 계세요.

B : <ruby>は<rt>하</rt></ruby><ruby>い<rt>이</rt></ruby>、<ruby>ま<rt>마</rt></ruby><ruby>た<rt>따</rt></ruby><ruby>あ<rt>아</rt></ruby><ruby>し<rt>시</rt></ruby><ruby>た<rt>따</rt></ruby>。

응, 내일 보자.

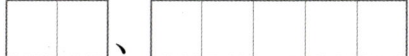

A : <ruby>じゃ<rt>쟈</rt></ruby>、<ruby>ま<rt>마</rt></ruby><ruby>た<rt>따</rt></ruby><ruby>ね<rt>네</rt></ruby>。

그럼, 내일 봐.

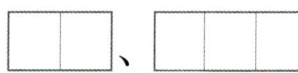

B : <ruby>う<rt>웅</rt></ruby><ruby>ん<rt></rt></ruby>、<ruby>バ<rt>바</rt></ruby><ruby>イ<rt>이</rt></ruby><ruby>バ<rt>바</rt></ruby><ruby>イ<rt>이</rt></ruby>。

응, 안녕.

기초 생활회화 표현

04 사과할 때

A: すみません。
미안합니다.

B: だいじょうぶです。
괜찮습니다.

A: ごめんなさい。
미안합니다.

B: だいじょうぶです。
괜찮습니다.

A: ごめん。
미안.

B: うん、いいよ。
응, 괜찮아.

05 외출할 때

A:
いってきます。
다녀오겠습니다.

| | | | | |

B: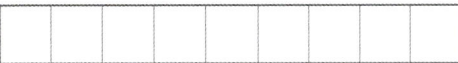
いって(い)らっしゃい。
다녀오렴.

| | | | | | | |

06 귀가할 때

A: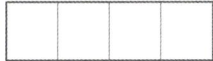
ただいま。
다녀왔습니다.

| | | | |

B:
おかえり。
어서 와.

| | | | |

おかえりなさい。
다녀오셨어요.

| | | | | | | |

07 식사할 때

A: <ruby>い<rt>이</rt></ruby><ruby>た<rt>따</rt></ruby><ruby>だ<rt>다</rt></ruby><ruby>き<rt>끼</rt></ruby><ruby>ま<rt>마</rt></ruby><ruby>す<rt>스</rt></ruby>。
잘 먹겠습니다.

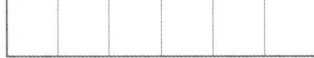

B: <ruby>は<rt>하</rt></ruby><ruby>い<rt>이</rt></ruby>、<ruby>ど<rt>도</rt></ruby><ruby>う<rt>ー</rt></ruby><ruby>ぞ<rt>조</rt></ruby>。
네, 어서 드세요.

A: <ruby>ご<rt>고</rt></ruby><ruby>ち<rt>찌</rt></ruby><ruby>そ<rt>소</rt></ruby><ruby>う<rt>ー</rt></ruby><ruby>さ<rt>사</rt></ruby><ruby>ま<rt>마</rt></ruby>(<ruby>で<rt>데</rt></ruby><ruby>し<rt>시</rt></ruby><ruby>た<rt>따</rt></ruby>)。
잘 먹었습니다.

08 감사할 때

A: <ruby>あ<rt>아</rt></ruby><ruby>り<rt>리</rt></ruby><ruby>が<rt>가</rt></ruby><ruby>と<rt>또</rt></ruby><ruby>う<rt>ー</rt></ruby><ruby>ご<rt>고</rt></ruby><ruby>ざ<rt>자</rt></ruby><ruby>い<rt>이</rt></ruby><ruby>ま<rt>마</rt></ruby><ruby>す<rt>스</rt></ruby>。
고맙습니다.

B: <ruby>ど<rt>도</rt></ruby><ruby>う<rt>ー</rt></ruby><ruby>い<rt>이</rt></ruby><ruby>た<rt>따</rt></ruby><ruby>し<rt>시</rt></ruby><ruby>ま<rt>마</rt></ruby><ruby>し<rt>시</rt></ruby><ruby>て<rt>떼</rt></ruby>。
천만에요.

A: <ruby>あ<rt>아</rt></ruby><ruby>り<rt>리</rt></ruby><ruby>が<rt>가</rt></ruby><ruby>と<rt>또</rt></ruby><ruby>う<rt>ー</rt></ruby>。
고마워.

B: <ruby>う<rt>웅</rt></ruby><ruby>ん<rt></rt></ruby>。
응.

A: <ruby>い<rt>이</rt></ruby><ruby>つ<rt>쯔</rt></ruby><ruby>も<rt>모</rt></ruby>、<ruby>す<rt>스</rt></ruby><ruby>み<rt>미</rt></ruby><ruby>ま<rt>마</rt></ruby><ruby>せ<rt>셍</rt></ruby><ruby>ん<rt></rt></ruby>。
언제나 고맙습니다.

B: <ruby>い<rt>이</rt></ruby><ruby>い<rt>ー</rt></ruby><ruby>え<rt>에</rt></ruby>、<ruby>こ<rt>코</rt></ruby><ruby>ち<rt>찌</rt></ruby><ruby>ら<rt>라</rt></ruby><ruby>こ<rt>꼬</rt></ruby><ruby>そ<rt>소</rt></ruby>。
아니요, 저야말로.

09 축하할 때

A: <ruby>お<rt>오</rt></ruby><ruby>め<rt>메</rt></ruby><ruby>で<rt>데</rt></ruby><ruby>と<rt>또</rt></ruby><ruby>う<rt>-</rt></ruby><ruby>ご<rt>고</rt></ruby><ruby>ざ<rt>자</rt></ruby><ruby>い<rt>이</rt></ruby><ruby>ま<rt>마</rt></ruby><ruby>す<rt>스</rt></ruby>。
오메데또- 고자이마스
おめでとうございます。
축하드립니다.

B: 아리가또- 고자이마스
ありがとうございます。
고맙습니다.

A: 오메데또-
おめでとう。
축하해.

B: 아리가또-
ありがとう。
고마워.

A: 오탄죠-비 오메데또-
おたんじょうび、おめでとう。
생일 축하해.

B: 아리가또-
ありがとう。
고마워.

10 다시 만날 때

A : おひさしぶりです。
오래간만입니다.

B : おひさしぶりです。
오래간만입니다.

おげんきでしたか。
잘 지내셨어요?

A : ええ、おかげさまで。
예, 덕분에.

A : ひさしぶり。
오래간만.

B : ひさしぶり。げんき。
오래간만. 잘 지냈어?

A : うん、げんき。
응. 잘 지냈어.

11 전화할 때

A: あ、もしもし。
아, 여보세요.
□、□□□□

B: もしもし。
여보세요.
□□□□

A: キムさんですか？
김씨입니까?
□□□□□□□□

B: はい。
네.
□□

A: わたしはパクです。
저는 박입니다.
□□□□□□□□□

12 방문할 때

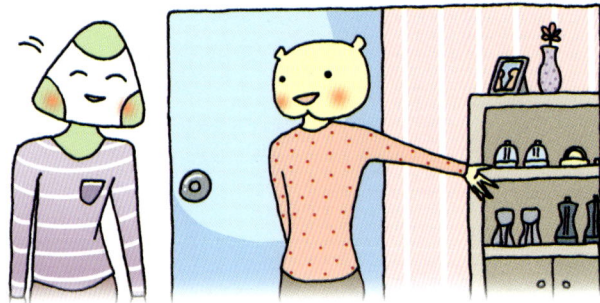

_{이 랏 샤 이}
A: いらっしゃい。

어서 오세요.

_{코 찌 라 에 도 ― 조}
こちらへどうぞ。

이쪽으로 들어오세요.

_{오 쟈 마 시 마 스}
B: おじゃまします。

실례하겠습니다.

_{고 멘 쿠 다 사 이}
A: ごめんください。

실례합니다. (계세요?)

_{하 이}
B: はい。

네.

13 격려할 때

A: これからも
   _{코 레 까 라 모}
   がんばってください。
   _{감 밧 떼 쿠 다 사 이}

앞으로도 열심히 해 주세요.

B: どうも
   _{도 - 모}
   ありがとうございます。
   _{아 리 가 또 - 고 자 이 마 스}

정말 감사합니다.

14 칭찬할 때

A: にほんごが
   _{니 홍 고 가}
   おじょうずですね。
   _{오 죠 - 즈 데 스 네}

일본어를 잘하시네요.

B: いいえ、まだまだです。
   _{이 - 에   마 다 마 다 데 스}

아니요, 아직 멀었습니다.

				、						

15 승낙과 거절

A : これ、おねがいします。
_{코레 오네가이시마스}
이거, 부탁드립니다.

☐☐、☐☐☐☐☐☐☐

B : はい、わかりました。
_{하이 와까리마시따}
예, 알겠습니다.

☐☐、☐☐☐☐☐☐

A : コーヒー、どうぞ。
_{코ー히ー 도ー조}
커피 드세요.

☐☐☐☐、☐☐

B : あ、けっこうです。
_{아 켓꼬ー데스}
아, 괜찮습니다.

☐、☐☐☐☐☐

퀴즈풀기

기초 생활회화 표현

※ 다음 그림의 힌트를 얻어 인사말을 써 봅시다.

	¹こ	ん	に	ち	は		²	³い
⁴た		⁵		⁶ご		め
	ば		は		⁷お		て
い			そ			
		う		が		う
⁸お		え					す
		⁹は			ま		て	
¹⁰		う		¹¹	す		ま		ん
	¹²い			だ			す		

〈가로 열쇠〉

1.
낮 인사

8.
귀가

9. 초면 인사

기초 생활회화 표현

10.
먹을 것을 권할 때

11.
사과

12.
식사 전

〈세로 열쇠〉

1.
저녁 인사

2.
축하

3.
외출

4.
귀가

5.
아침 인사

6.
식사 후

7.
부탁

기초 생활회화 표현 145

모의테스트 1회

※ (1~3번) 다음 표를 보고 물음에 답하시오.

㉠	し	す	せ	そ
た	ち	つ	て	と
な	に	㉡		の
	ひ	ふ	へ	㉢
ま	み	む		も

1. ㉠에 들어갈 문자로 알맞은 것은?
   ① さ   ② ら   ③ る   ④ ろ   ⑤ こ

2. ㉡에 들어갈 문자로 알맞은 것은?
   ① ぬ   ② め   ③ ね   ④ わ   ⑤ れ

3. ㉢에 들어갈 문자로 알맞은 것은?
   ① は   ② あ   ③ け   ④ ほ   ⑤ よ

4. 다음 중 같은 행의 글자로만 되어 있는 것은?
   ① さ、て、す、た、と
   ② に、ね、の、な、め
   ③ れ、り、ら、る、ろ
   ④ ま、へ、は、ふ、ひ
   ⑤ き、む、か、く、と

5. 히라가나 오십음도에서 같은 단끼리 바르게 연결되어 있는 것은?
   ① ほ ま   ② さ に   ③ の る   ④ ふ せ   ⑤ つ ぬ

6. 다음 중 탁음과 반탁음이 모두 될 수 있는 행의 글자는?
   ① は ひ ほ   ② は む そ   ③ は き せ
   ④ は さ ふ   ⑤ は も ほ

7. 다음 중 요음이 바르게 쓰인 글자는?

① みょ、そゅ ② すょ、けゃ ③ むゅ、ぴょ
④ わゅ、がゃ ⑤ ひゃ、ぎょ

8. 보기의 단어와 음절(박)의 길이가 같은 것은?

べんきょう

① おねえさん ② てんぷら ③ じゅぎょう
④ いしゃ ⑤ おでん

9. 다음 그림의 명칭에 공통으로 들어가는 문자는?

① す ② ぬ ③ け ④ い ⑤ と

10. 다음 대화 중 ㉠ '다녀오겠습니다'에 가장 알맞은 일본어 표현은?

① いてきます。 ② いってきます。 ③ いつてきます。
④ いてりゃしゃい。 ⑤ いってらっしゃい。

모의테스트 2회

1. 같은 단끼리 바르게 연결된 것은?

① か - よ　　　　② え - ふ　　　　③ も - わ

④ う - れ　　　　⑤ に - り

2. 다음 중 요음을 만들 수 있는 글자는?

① ひ　　② う　　③ れ　　④ さ　　⑤ け

3. 다음 중 탁음과 반탁음을 만들 수 있는 문자는?

① せ　　② ゆ　　③ へ　　④ わ　　⑤ て

4. 〈보기〉에서 밑줄 친 부분의 발음이 같은 것끼리 알맞게 연결된 것은?

〈 보기 〉		
a. え<u>ん</u>ぴつ	b. べ<u>ん</u>とう	c. ほ<u>ん</u>や
d. で<u>ん</u>わ	e. お<u>ん</u>な	f. し<u>ん</u>ぶん

① a-b, c-d, e-f　　　② a-b, c-f, d-e

③ a-c, b-f, d-e　　　④ a-f, b-d, c-e

⑤ a-f, b-e, c-d

5. 밑줄 친 부분과 발음이 같은 것은?

よか<u>っ</u>た

① ざ<u>っ</u>し　　　② に<u>っ</u>き

③ す<u>っ</u>ぱい　　④ が<u>っ</u>こう

⑤ き<u>っ</u>て

6. 〈보기〉의 단어와 같은 길이(박)로 발음해야 하는 것은?

〈 보기 〉
りょうり　　　　　　*りょうり : 요리

① てんぷら　　　② せんせい　　　③ やきゅう
④ けっせき　　　⑤ ろっぴゃく

7. 다음 중 밑줄 친 부분이 장음이 아닌 것은?
① ふう̱ふ　　　② おに̱いさん　　　③ おか̱あさん
④ こう̱こう　　　⑤ けいた̱い

8. 다음 대화 중 빈칸에 들어갈 가장 알맞은 일본어 표현은?

① おかえり　② おがえり　③ をかえり　④ をがえり　⑤ おかえりい

9. 다음 인사말은 어느 때 사용되는 표현인가?

いただきます。

① 식사를 시작할 때　② 축하를 할 때　③ 사과를 할 때
④ 식사를 마치고 나서　⑤ 안부를 물을 때

10. 헤어질 때 하는 인사말이 아닌 것은?
① じゃあね　　　② さようなら
③ バイバイ　　　④ よろしく
⑤ また あした

모의테스트 3회

※ (1~5번) 다음 표를 보고 물음에 답하시오.

あ	い	う	え	㉠
た	㉡	つ	て	と
な	に	nu	ne	の
は	㉢	ふ	㉣	ほ
ま	mi	mu	me	mo

1. ㉠과 같은 발음을 가진 글자로, 목적격 조사(~을, ~를)로만 사용되는 글자는?
　① や　　② お　　③ る　　④ を　　⑤ け

2. ㉡에 들어갈 문자로 알맞은 것은?
　① ち　　② さ　　③ ら　　④ き　　⑤ す

3. ㉢에 들어갈 문자의 발음표기로 알맞은 것은?
　① ki　　② ri　　③ hi　　④ si　　⑤ ni

4. ㉣에 들어갈 문자로 알맞은 것은?
　① く　　② へ　　③ や　　④ り　　⑤ し

5. 모음으로 이루어진 행은?
　① あ행　② た행　③ な행　④ は행　⑤ ま행

6. 다음 문자의 순서가 바른 것은?

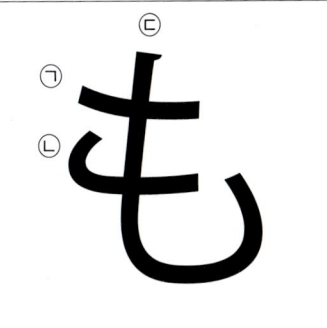

① ㉠ - ㉡ - ㉢
② ㉠ - ㉢ - ㉡
③ ㉡ - ㉠ - ㉢
④ ㉢ - ㉡ - ㉠
⑤ ㉢ - ㉠ - ㉡

7. 다음 중 요음을 만들 수 있는 글자는?
① も   ② ふ   ③ み   ④ ろ   ⑤ か

8. 글자의 표기가 바르지 <u>않은</u> 것은?
① ぱ   ② びゅ   ③ りゃ   ④ ぺ   ⑤ いゃ

9. 다음은 탁음을 설명한 것이다. ( ) 안에 들어갈 수 <u>없는</u> 것은?

( ), ( ), ( ), ( )의 글자 오른쪽 위에 탁점(゛)을 찍어 표기하며 성대의 진동이 일어난다.

① か행   ② さ행   ③ た행   ④ は행   ⑤ ま행

10. 다음 중 탁음이 바르지 <u>않은</u> 것은?
① ぐ   ② ぼ   ③ ず   ④ む   ⑤ づ

모의테스트 4회

※ (1~5번) 다음 표를 보고 물음에 답하시오.

ア	イ	ウ	エ	㉠
㉡	キ	ク	ケ	コ
㉢	シ	㉣	セ	ソ
タ	㉤	ツ	テ	ト

1. ㉠에 들어갈 문자로 알맞은 것은?
  ① ネ   ② オ   ③ ホ   ④ ワ   ⑤ ラ

2. ㉡에 들어갈 문자로 알맞은 것은?
  ① カ   ② ヤ   ③ ミ   ④ ロ   ⑤ ホ

3. ㉢에 들어갈 문자로 알맞은 것은?
  ① ラ   ② ヒ   ③ ム   ④ モ   ⑤ サ

4. ㉣에 들어갈 문자로 알맞은 것은?
  ① ヌ   ② マ   ③ ヘ   ④ ス   ⑤ フ

5. ㉤에 들어갈 문자로 알맞은 것은?
  ① メ   ② ネ   ③ チ   ④ ヲ   ⑤ ナ

6. 다음 단어의 발음의 길이를 모두 합하면?

   | やきゅう | ろっぴゃく | りょうり | おかあさん |

   ① 14박 ② 15박 ③ 16박 ④ 17박 ⑤ 18박

7. 다음 중 크기를 작게 써서 요음과 촉음을 만드는 글자가 <u>아닌</u> 것은?
   ① や ② く ③ よ ④ つ ⑤ ゆ

8. 밑줄 친 부분의 발음이 <u>다른</u> 하나는?
   ① で<u>ん</u>わ ② し<u>ん</u>ぶん ③ おで<u>ん</u> ④ うど<u>ん</u> ⑤ ほ<u>ん</u>や

9. 다음 중 처음 만났을 때 하는 인사가 <u>아닌</u> 것은?
   ① こちらこそ、どうぞ よろしく。
   ② わたしは たなかです。
   ③ はじめまして。
   ④ どうぞ よろしく おねがいします。
   ⑤ どうも ありがとう。

10. 다음 「㉠잘 먹었습니다」에 가장 알맞은 일본어 표현은?

   ① ただいま。 ② おいしいですね。 ③ ごちそうさまでした。
   ④ おじゃまします。 ⑤ よろしく。

모의테스트 5회

1. 다음은 일부가 찢겨진 어떤 문자카드이다. 문자카드를 보고 추측한 내용 중 바르지 <u>않은</u> 것은?

① な행의 글자일 수 있다.　　② ら행의 글자일 수 있다.
③ わ행의 글자일 수 있다.　　④ ま행의 글자일 수 있다.
⑤ を와 같은 행의 글자일 수 있다.

2. 같은 단끼리 바르게 연결된 것은?
① く ─ め ─ り　　　② え ─ せ ─ め
③ し ─ ら ─ の　　　④ か ─ な ─ む
⑤ こ ─ る ─ よ

3. 다음 중 요음이 들어 있는 단어는?
① いしゃ　② せんせい　③ がっこう　④ めがね　⑤ いっぱい

4. 다음 중 밑줄 친 부분과 발음이 같은 것은?

きっぷ

① が<u>っ</u>こう　② お<u>っ</u>と　③ け<u>っ</u>せき　④ い<u>っ</u>ぱい　⑤ ざ<u>っ</u>し

5. 대화의 내용으로 가장 <u>부자연스러운</u> 것은?
① A : こんにちは。　　　B : こんにちは。
② A : おはよう。　　　　B : おはようございます。
③ A : こんばんは。　　　B : こんばんは。
④ A : ひさしぶり。　　　B : おひさしぶりです。
⑤ A : おやすみなさい。　B : ありがとう。

6. 다음 밑줄 친 글자와 발음이 같은 것을 고르시오.

はじめまして。

① おはようございます。　　　　② こんばんは。
③ こんにちは。　　　　　　　　④ ぼくは ひろきです。
⑤ こちらは たなかさんです。

7. 다음 빈칸에 들어갈 가장 알맞은 말은?

| A : にゅうがく、＿＿＿＿＿＿＿＿＿＿。 |
| B : ありがとう。 |

① おめでとう　　② ございます　　③ ありがとう
④ ひさしぶり　　⑤ おねがいします

※ (8번) 다음 대화문을 읽고 물음에 답하시오.

| A : ひろきくん、こんにちは。㉠<u>오래간만</u>. |
| B : うん、㉠<u>오래간만</u>. |

8. 밑줄 친 ㉠을 일본어로 바르게 옮긴 것은?

① よろしく。　　② おねがいします。　　③ こんにちは。
④ ひさしぶり。　　⑤ バイバイ。

9. 다음 밑줄 친 부분의 의미로 가장 알맞은 것은?

| A : こちらへ <u>どうぞ</u>。 |
| B : はい、おじゃまします。 |

① 드세요　② 들어오세요　③ 주세요　④ 부탁합니다　⑤ 보세요

10. 다음 ( ) 안의 우리말을 일본어로 바르게 옮긴 것은?

| はじめまして、パクヘジンです。(아무쪼록 잘 부탁합니다.) |

① ありがどう ございます。　　② さようなら。　　③ どうぞ。
④ どうぞ よろしく おねがいします。　　⑤ こちらこそ。

정답

퀴즈풀기 – 히라가나

あ행 p.10

1. ① あ-ⓒ a   ② お-ⓐ o   ③ え-ⓔ e
   ④ い-ⓘ i   ⑤ う-ⓑ u

2.

3. ① あい   ② いえ   ③ うえ

か행 p.11

1. ① か-ⓒ ka   ② け-ⓔ ke   ③ こ-ⓑ ko
   ④ く-ⓐ ku   ⑤ き-ⓘ ki

2.

3. ① かお   ② きく   ③ いけ

さ행 p.16

1. ① す-ⓐ su   ② せ-ⓒ se   ③ し-ⓘ shi
   ④ そ-ⓔ so   ⑤ さ-ⓑ sa

2.

3. ① かさ   ② あし   ③ すし

た행 p.17

1. ① ち-ⓒ chi   ② た-ⓘ ta   ③ つ-ⓐ tsu
   ④ と-ⓑ to   ⑤ て-ⓔ te

2.

3. ① たこ   ② つくえ   ③ とけい

な행 p.20

1. ① ぬ-ⓘ nu   ② の-ⓐ no   ③ に-ⓔ ni
   ④ ね-ⓑ ne   ⑤ な-ⓒ na

2.

3. ① なす　　② おに　　③ いぬ

あ행~な행　p.21

1.

2.

3.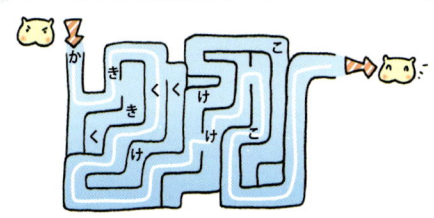

4.

5.
あ	か	さ	た	な
い	き	し	ち	に
う	く	す	つ	ぬ
え	け	せ	て	ね
お	こ	そ	と	の

は행　p.28

1. ① ひ – ⓐ hi　　② は – ⓑ ha　　③ へ – ⓔ he
   ④ ふ – ⓒ hu　　⑤ ほ – ⓕ ho

2.

3. ① はな　　② ふね　　③ ほし

ま행　p.29

1. ① ま – ⓐ ma　　② む – ⓕ mu　　③ め – ⓑ me
   ④ み – ⓔ mi　　⑤ も – ⓒ mo

2.

3. ① くま　　② みみ　　③ もも

や행　p.34

1. ① や – ⓑ ya　　② よ – ⓕ yo　　③ ゆ – ⓒ yu

2.

3. ① やま　　②ゆき　　③よる

ら행　　p.35

1. ①リ—ⓔ ri　　②ら—ⓒ ra　　③る—ⓓ ru
　　④ろ—ⓐ ro　　⑤れ—ⓑ re

2.

3. ①らくだ　　②くすり　　③るす

わ행　　p.38

1. ①わ—ⓑ wa　　②ん—ⓒ n　　③を—ⓐ o

2.

3. ①わに　　②てをあらう　　③ふとん

は행~ん　　p.39

1.

2.

3.

4.

5.

は	ま	や	ら	わ	ん
ひ	み		り		
ふ	む	ゆ	る		
へ	め		れ		
ほ	も	よ	ろ	を	

탁음 · 반탁음   p.56

1.

2. ① めがね   ② ひだり   ③ ぼうし

요음 · 촉음   p.68

1.

2. ④
3. ① としょかん   ② いしゃ   ③ びょういん

발음 · 장음   p.73

1. ⑤
2. ③

퀴즈풀기 - 가타카나

ア행~ナ행   p.88

1. **ア행**
   ① あ—ⓒ ア   ② い—ⓓ イ   ③ う—ⓑ ウ
   ④ え—ⓐ エ   ⑤ お—ⓔ オ

   カ행
   ① か—ⓐ カ   ② き—ⓓ キ   ③ く—ⓔ ク
   ④ け—ⓒ ケ   ⑤ こ—ⓑ コ

   サ행
   ① さ—ⓔ サ   ② し—ⓐ シ   ③ す—ⓓ ス
   ④ せ—ⓒ セ   ⑤ そ—ⓑ ソ

   タ행
   ① た—ⓐ タ   ② ち—ⓓ チ   ③ つ—ⓒ ツ
   ④ て—ⓔ テ   ⑤ と—ⓑ ト

   ナ행
   ① な—ⓐ ナ   ② に—ⓔ ニ   ③ ぬ—ⓒ ヌ
   ④ ね—ⓑ ネ   ⑤ の—ⓓ ノ

ハ행~ン   p.100

1. **ハ행**
   ① は—ⓑ ハ   ② ひ—ⓓ ヒ   ③ ふ—ⓐ フ
   ④ へ—ⓔ ヘ   ⑤ ほ—ⓒ ホ

   マ행
   ① ま—ⓔ マ   ② み—ⓓ ミ   ③ む—ⓑ ム
   ④ め—ⓒ メ   ⑤ も—ⓐ モ

   ヤ행
   ① や—ⓑ ヤ   ② ゆ—ⓐ ユ   ③ よ—ⓒ ヨ

   ラ행
   ① ら—ⓐ ラ   ② り—ⓒ リ   ③ る—ⓓ ル
   ④ れ—ⓑ レ   ⑤ ろ—ⓔ ロ

   ワ행·ン
   ① わ—ⓑ ワ   ② を—ⓒ ヲ   ③ ん—ⓐ ン

탁음 · 요음   p.121

1.

2. ① デパート　　② ピアノ　　③ メニュー

쉬어가기 – 히라가나

p.23

(1) おに

(2) ねこ

(3) とけい

(4) いえ

(5) うそ

(6) かお

(7) きく

(8) すし

p.41

(2) ゆき → やま　　やま → ゆき

혼동하기 쉬운 히라가나 퀴즈   p.42

(1) あい
(2) おに
(3) いえ
(4) くすり
(5) たこ
(6) なす
(7) いぬ
(8) め
(9) はな
(10) ほし
(11) るす
(12) ろうそく

(13) かさ
(14) きのこ
(15) ちち
(16) ねこ
(17) わに
(18) れいぞうこ

p.74

(1) めがね
(2) ちず
(3) ゆびわ
(4) えんぴつ
(5) ぎゅうにゅう
(6) おちゃ
(7) びょういん
(8) いっぱい
(9) ほんや
(10) すうがく

어디에 숨어 있을까?   p.76

① おちゃ
② ぶどう
③ いしゃ
④ ひこうき
⑤ たこ
⑥ つくえ
⑦ おおい
⑧ おんがく
⑨ ろうそく
⑩ かさ
⑪ ねこ
⑫ すうがく
⑬ わに
⑭ とけい
⑮ としょかん
⑯ ゆびわ
⑰ めがね
⑱ いちご
⑲ えんぴつ
⑳ らくだ
㉑ すし
㉒ れいぞうこ
㉓ いえ
㉔ くすり

쉬어가기 – 가타카나

p.89

(1) ソウル

(2) コーヒー

(3) ネクタイ

(4) テニス

(5) エプロン

(6) カメラ

(7) アイスクリーム

(8) ケーキ

p.101
(4) アイロン → ロボット　ロボット → アイロン

혼동하기 쉬운 가타카나 퀴즈　p.102
(1) ウインク　(2) ワイン
(3) チーズ　(4) テニス
(5) コーヒー　(6) ユーターン
(7) シーソー　(8) シャツ
(9) スキー　(10) カヌー
(11) アイロン　(12) ソウル

p.122
(1) ギター　(2) ゴルフ
(3) デザート　(4) プレゼント
(5) デパート　(6) バス
(7) テレビ　(8) ピアノ
(9) ペット　(10) ジュース

히라가나 점선잇기　p.124
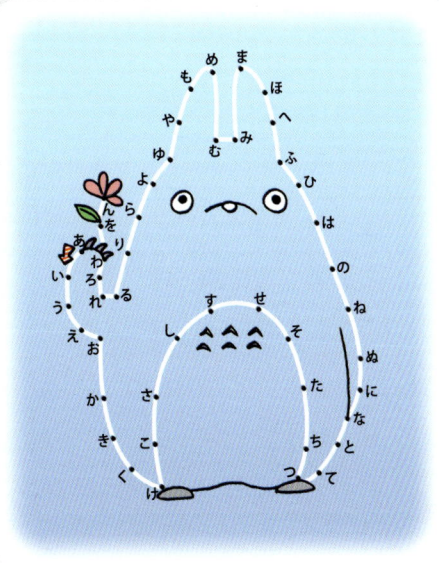

가타카나 점선잇기　p.125
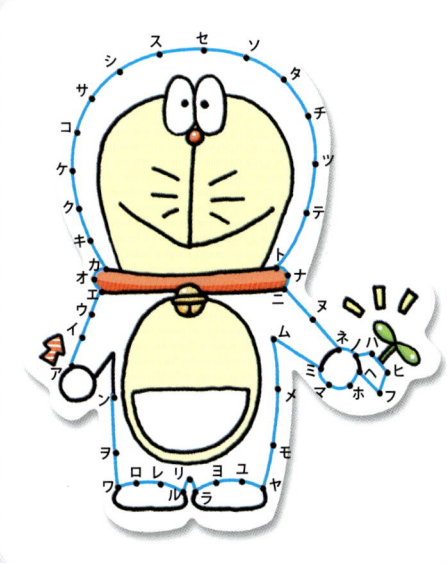

히라가나 끝말잇기　p.126
あめ ⇨ めがね ⇨ ねこ ⇨ こい ⇨ いえ ⇨ えき ⇨ きく ⇨ くま ⇨ まど ⇨ どんぐり ⇨ りょこう ⇨ うちわ ⇨ わに ⇨ にっき ⇨ きのこ ⇨ こうこう ⇨ うえ ⇨ えんぴつ ⇨ つくえ

기초 생활회화 표현

퀴즈풀기　　　p.144

♣	¹こ	ん	に	ち	は	♣	²お	³い
⁴た	ん	♣	⁵お	♣	⁶ご	♣	め	っ
だ	ば	♣	は	♣	ち	⁷お	で	て
い	ん	♣	よ	♣	そ	ね	と	き
ま	は	♣	う	♣	う	が	う	ま
⁸お	か	え	り	な	さ	い	♣	す
♣	♣	⁹は	じ	め	ま	し	て	♣
¹⁰ど	う	ぞ	♣	¹¹す	み	ま	せ	ん
♣	¹²い	た	だ	き	ま	す	♣	♣

모의테스트 1회　　p.146

1. ①　　2. ①
3. ④　　4. ③
5. ⑤　　6. ①
7. ⑤　　8. ②
9. ④　　10. ②

모의테스트 2회　　p.148

1. ⑤　　2. ①
3. ③　　4. ⑤
5. ⑤　　6. ③
7. ⑤　　8. ①
9. ①　　10. ④

모의테스트 3회　　p.150

1. ④　　2. ①
3. ③　　4. ②
5. ①　　6. ⑤
7. ③　　8. ⑤
9. ⑤　　10. ④

모의테스트 4회　　p.152

1. ②　　2. ①
3. ⑤　　4. ④
5. ③　　6. ②
7. ②　　8. ②
9. ⑤　　10. ③

모의테스트 5회　　p.154

1. ④　　2. ②
3. ①　　4. ④
5. ⑤　　6. ①
7. ①　　8. ④
9. ②　　10. ④

찾아보기

가나다순

〈가〉

가득 いっぱい	67
가지 なす	19
감자 じゃがいも	65
개 いぬ	19
거짓말 うそ	13
건배 かんぱい	55
결석 けっせき	57
고등학교 こうこう	72
고양이 ねこ	19
골프 ゴルフ	105
곰 くま	27
국화 きく	9
귀 みみ	27
귀고리 イヤリング	95
금붕어 きんぎょ	64
기타 ギター	105
껌 ガム	93
꼬리 しっぽ	55
꽃 はな	25

〈나〉

나막신 げた	47
나무 き	9
낙타 らくだ	33
냉장고 れいぞうこ	33
넥타이 ネクタイ	87
노트 ノート	87
눈 め	27
눈 ゆき	31
뉴욕 ニューヨーク	87

〈다〉

다람쥐 リス	97
다리 あし	13
다리미 アイロン	99
단추 ボタン	111
도깨비 おに	19
도서관 としょかん	65
도시락 べんとう	53
도토리 どんぐり	47
디저트 デザート	107
디카 デジカメ	107

딸기 いちご	47
땀 あせ	13

〈라〉

레몬 レモン	97
로봇 ロボット	97

〈마〉

마스크 マスク	93
많다 おおい	72
메뉴 メニュー	120
메달 メダル	109
메론 メロン	93
메모 メモ	93
모자 ぼうし	53
무릎 ひざ	49
무지개 にじ	49
문어 たこ	15
미사일 ミサイル	93

〈바〉

바나나 バナナ	87
바람 かぜ	49
바지 ズボン	107
반지 ゆびわ	53
밤 よる	31
배 ふね	25
배가 고픈 모양 ぺこぺこ	55
배꼽 へそ	25
100 ひゃく	66
백화점 デパート	109
버섯 きのこ	19
버스 バス	111
벌레 むし	27
별 ほし	25
병원 びょういん	66
복숭아 もも	27
부부 ふうふ	69
부재중 るす	33
부채 うちわ	126
부침개 チヂミ	109
붓 ふで	51
비행기 ひこうき	25
빵 パン	113

〈사〉

사랑 あい	7

사자 ライオン	97
산 やま	31
산책 さんぽ	70
300 さんびゃく	66
샐러드 サラダ	83
서비스 サービス	69
서울 ソウル	83
서점 ほんや	70
선글라스 サングラス	105
선물 プレゼント	107
선생님 せんせい	72
셔츠 シャツ	85
소포 こづつみ	51
손 て	15
손을 씻다 てをあらう	37
수영장 プール	113
수학 すうがく	71
스웨터 セーター	83
스키 スキー	83
스파게티 スパゲッティ	105
시계 とけい	15
시소 シーソー	83

〈아〉

아버지 おとうさん	72
아빠 ちち	15
아이스크림 アイスクリーム	79
악어 わに	37
안경 めがね	47
앞치마 エプロン	79
애완동물 ペット	113
야옹야옹 ニャーニャー	120
약 くすり	33
양배추 キャベツ	120
양초 ろうそく	33
어머니 おかあさん	71
언니 おねえさん	71
얼굴 かお	9
여자 おんな	70
여행 りょこう	126
역 えき	7
연못 いけ	9
연필 えんぴつ	55
열쇠 キー	81
영국 イギリス	79
오빠 おにいさん	69
오이 きゅうり	64

찾아보기 **163**

오존 オゾン	107
오토바이 オートバイ	79
와인 ワイン	99
왼쪽 ひだり	51
요가 ヨガ	105
요리 りょうり	66
요트 ヨット	95
우동 うどん	70
우산 かさ	13
우유 ぎゅうにゅう	64
우체통 ポスト	113
우표 きって	67
운전 うんてん	73
위 うえ	7
윙크 ウインク	79
유턴 ユーターン	95
은행 ぎんこう	47
음악 おんがく	70
의사 いしゃ	64
이불 ふとん	37
인형 にんぎょう	64
일기 にっき	67
입학 にゅうがく	65
잉어 こい	9

〈자〉

잡지 ざっし	67
장미 ばら	53
전화 でんわ	69
좋았다 よかった	57
주스 ジュース	120
중국 ちゅうごく	65
지도 ちず	49
집 いえ	7

〈차〉

차 おちゃ	65
창문 まど	51
책상 つくえ	15
초밥 すし	13
초콜릿 チョコレート	120
치즈 チーズ	85
침대 ベッド	111

〈카〉

카누 カヌー	87
카메라 カメラ	81
커피 コーヒー	81
케이크 ケーキ	81
코끼리 ぞう	49
코피 はなぢ	51

| 크리스마스 クリスマス | 81 |

〈타〉

타월 タオル	97
택시 タクシー	85
테니스 テニス	85
테이블 テーブル	111
텔레비전 テレビ	111
토마토 トマト	85
튀김 てんぷら	55

〈파〉

파랑 あお	7
800 はっぴゃく	66
포도 ぶどう	53
표 きっぷ	57
피아노 ピアノ	113

〈하〉

학교 がっこう	67
한국 かんこく	69
한자 かんじ	73
할머니 おばあさん	71
할아버지 おじいさん	71
핸드백 ハンドバック	91
핸들 ハンドル	109
헬리콥터 ヘリコプター	91
형 おにいさん	69
호텔 ホテル	91
후라이팬 フライパン	91
힐 ヒール	91

히라가나순

〈あ〉
あお	파랑	7
あし	다리	13
アイスクリーム	아이스크림	79
アイロン	다리미	99
あせ	땀	13
あい	사랑	7

〈い〉
いえ	집	7
イギリス	영국	79
いけ	연못	9
いしゃ	의사	64
いちご	딸기	47
いっぱい	가득	67
いぬ	개	19
イヤリング	귀고리	95

〈う〉
ウインク	윙크	79
うえ	위	7
うそ	거짓말	13
うちわ	부채	126
うどん	우동	70
うんてん	운전	73

〈え〉
えき	역	7
エプロン	앞치마	79
えんぴつ	연필	55

〈お〉
おおい	많다	72
オートバイ	오토바이	79
おかあさん	어머니	71
おじいさん	할아버지	71
オゾン	오존	107
おちゃ	차	65
おとうさん	아버지	72
おに	도깨비	19
おにいさん	형, 오빠	69
おねえさん	언니, 누나	71
おばあさん	할머니	71
おんがく	음악	70
おんな	여자	70

〈か〉
かお	얼굴	9
かさ	우산	13
かぜ	바람	49
がっこう	학교	67
カヌー	카누	87
ガム	껌	93
カメラ	카메라	81
かんこく	한국	69
かんじ	한자	73
かんぱい	건배	55

〈き〉
き	나무	9
キー	열쇠	81
きく	국화	9
ギター	기타	105
きって	우표	67
きっぷ	표	57
きのこ	버섯	19
キャベツ	양배추	120
ぎゅうにゅう	우유	64
きゅうり	오이	64
きんぎょ	금붕어	64
ぎんこう	은행	47

〈く〉
くすり	약	33
くま	곰	27
クリスマス	크리스마스	81
ケーキ	케이크	81

〈け〉
げた	나막신	47
けっせき	결석	57

〈こ〉
こい	잉어	9
こうこう	고등학교	72
コーヒー	커피	81
こづつみ	소포	51
ゴルフ	골프	105

〈さ〉
サービス	서비스	69
ざっし	잡지	67
サラダ	샐러드	83
サングラス	선글라스	105
さんびゃく	300	66
さんぽ	산책	70

〈し〉
シーソー	시소	83
しっぽ	꼬리	55
じゃがいも	감자	65
シャツ	셔츠	85
ジュース	주스	120

〈す〉
すうがく	수학	71
スキー	스키	83
すし	초밥	13
スパゲッティ	스파게티	105
ズボン	바지	107

〈せ〉
セーター	스웨터	83
せんせい	선생님	72

〈そ〉
ぞう	코끼리	49
ソウル	서울	83

〈た〉
タオル	타월	97
タクシー	택시	85
たこ	문어	15

〈ち〉
チーズ	치즈	85
ちず	지도	49
ちち	아빠	15
チヂミ	부침개	109
ちゅうごく	중국	65
チョコレート	초콜릿	120

〈つ〉
つくえ	책상	15

〈て〉
て	손	15
テーブル	테이블	111
デザート	디저트	107
デジカメ	디카	107
テニス	테니스	85
デパート	백화점	109
テレビ	텔레비전	111
てをあらう	손을 씻다	37
てんぷら	튀김	55
でんわ	전화	69

〈と〉
とけい 시계 15
としょかん 도서관 65
トマト 토마토 85
どんぐり 도토리 47

〈な〉
なす 가지 19

〈に〉
にじ 무지개 49
にっき 일기 67
ニャーニャー 야옹야옹 120
にゅうがく 입학 65
ニューヨーク 뉴욕 87
にんぎょう 인형 64

〈ね〉
ネクタイ 넥타이 87
ねこ 고양이 19

〈の〉
ノート 노트 87

〈は〉
バス 버스 111
はっぴゃく 800 66
はな 꽃 25
はなぢ 코피 51
バナナ 바나나 87
ばら 장미 53
パン 빵 113
ハンドバック 핸드백 91
ハンドル 핸들 109

〈ひ〉
ピアノ 피아노 113
ヒール 힐 91
ひこうき 비행기 25
ひざ 무릎 49
ひだり 왼쪽 51
ひゃく 100 66
びょういん 병원 66

〈ふ〉
ふうふ 부부 69
プール 수영장 113
ふで 붓 51
ぶどう 포도 53

ふとん 이불 37
ふね 배 25
フライパン 후라이팬 91
プレゼント 선물 107

〈へ〉
ぺこぺこ 배가 고픈 모양 55
へそ 배꼽 25
ペット 애완동물 113
ベッド 침대 111
ヘリコプター 헬리콥터 91
べんとう 도시락 53

〈ほ〉
ぼうし 모자 53
ほし 별 25
ポスト 우체통 113
ボタン 단추 111
ホテル 호텔 91
ほんや 서점 70

〈ま〉
マスク 마스크 93
まど 창문 51

〈み〉
ミサイル 미사일 93
みみ 귀 27

〈む〉
むし 벌레 27

〈め〉
め 눈 27
めがね 안경 47
メダル 메달 100
メニュー 메뉴 120
メモ 메모 93
メロン 메론 93

〈も〉
もも 복숭아 27

〈や〉
やま 산 31

〈ゆ〉
ユーターン 유턴 95

ゆき 눈 31
ゆびわ 반지 53

〈よ〉
ヨガ 요가 105
よかった 좋았다 57
ヨット 요트 95
よる 밤 31

〈ら〉
ライオン 사자 97
らくだ 낙타 33

〈り〉
リス 다람쥐 97
りょうり 요리 66
りょこう 여행 126

〈る〉
るす 부재중 33

〈れ〉
れいぞうこ 냉장고 33
レモン 레몬 97

〈ろ〉
ろうそく 양초 33
ロボット 로봇 97

〈わ〉
ワイン 와인 99
わに 악어 37

첫걸음보다 먼저 시작하는 일본어

초판 1쇄 발행 2012년 3월 10일
10쇄 발행 2024년 1월 10일

발행인 박해성
발행처 정진출판사
지은이 박재욱
편집 김양섭, 박주홍
기획마케팅 이훈, 이현주
디자인 허다경
그림 배유경
출판등록 1989년 12월 20일 제 6-95호
주소 136-130 서울시 성북구 하월곡동 10-6
전화 02-917-9900
팩스 02-917-9907
홈페이지 www.jeongjinpub.co.kr
ISBN 978-89-5700-112-7 *13730

- 본 책은 저작권법에 따라 한국 내에서 보호받는 저작물이므로 무단전재와 복제를 금합니다.
- 파본은 교환해 드립니다. 책값은 뒤표지에 있습니다.